문학사랑 수필선 **155**

청산은 나를 보고

남계 **조종국** 희수(囍壽)기념 수필집

책을 내면서

인생에 한번 돌아오는 희수(囍壽)년을 맞아 졸고(拙稿)로 이 책을 내면서 느끼는 애환(哀歡)과 깊은 감회(感懷)가 주마등(走馬燈)처럼 스쳐간다.

팔순(八旬) 가까이 살아오면서 이렇다 한 큰일을 한 것도 없는데 세월이 여시(如矢)라 시간은 쏜살같이 흐르고 있구나!

지난 세월, 예나 지금이나 바쁘기는 마찬가지다. 아마 바쁘다는 순서로 치면 내가 사는 지역사회에서 몇 번 째 안될 만큼 바쁜 사람이 바로 나인 것 같다.

나는 한 가지 업(業)을 가지고 있다. 그것은 2십대 공직생활과 30대 언론인 생활을 잠시 했었지만 그 업(業)은 바로 붓글씨를 쓰는 서예가(書藝家)라는 업(業)이 아닌가 한다.

그런데도 나는 팔자에 타고 난 탓인지 서예에만 몰두할 수 없는 몇 가지 업을 가지고 있다. 그리고 그 업(業)들은 결코 외면할 수 없는 내 자신의 운명이란 것을 나는 잘 안다. 서예 말고도 또 내가 소홀(所訖)히 할 수 없는 업(業)이 또 있다는 것은 그런 일을 할 수밖에 없는 전생의 어떤 업장(因果應報) 때문에 그리 된 것 아닌가하면서 자위(自慰)를 할 때가 많다. 그리고 그 업(業)들도 대체로 보람 있고 뜻있는 업(業)인 바에야 바쁘다는 이유로 피해나 갈 생각은 전혀 없다.

솔직히 나는 서예가(書藝家)이면서 우리지역 문화발전과 문예 진흥을 위해, 그리고 예술인의 권익신장을 위해, 영일이 없이 살아 왔다고 해도 과언이 아니다. 그러면서도 땀 흘려 노력해 온 일들이 곧 우리가 사는 고장, 대전과 충남에 대한 애향심의 발로요, 문화 불모지라 불려온 우리 고장의 문화적 성장을 위해 미력하나마 보탬이 되었다는 생각에는 변함이 없다.

이번 내는 다섯 번 째 수필집(隨筆集) 〈청산은 나를 보고〉에서도 나는 겸허한 마음으로 우리고장에 대한 애정과 충정을 담고 호소하고 싶었다. 여러 가지 부족한 글이지만 많은 분들의 따뜻한 질정(叱正)과 성원을 기대하며, 글을 쓴다는 부끄러운 모습 하나를 감히 남기고자 한다.

2019년 희수(囍壽) 년에
오류동 만수제(萬壽齊)에서 남계 조 종 국

| 목차 |

책을 내면서 ・・・ 2

제1부 ◆ 아침창(窓)의 사색(思索)

청산은 나를 보고! ・・・ 10
그리움의 여백(餘白) ・・・ 13
내 고향(故鄕) 부여! ・・・ 16
남자의 심보 ・・・ 23
노인의 지혜로운 삶 ・・・ 26
눈 내리는 날에 ・・・ 31
먹을 가는 마음으로 ・・・ 35
무심천을 지나며 ・・・ 38
성격은 운명이다 ・・・ 41
순기능과 역기능(逆機能)의 휴대폰 ・・・ 44
시간 공간(時間空間) 그리고 나! ・・・ 48
심야 PC방! ・・・ 52
아내에게 바치는 글 그리고 삼남매(三男妹) ・・・ 55
양반고장의 기질 고향공동체를 꿈꾼다 ・・・ 61
여성의 매력 ・・・ 65
입신양명(立身揚名) ・・・ 67
참다운 보시(布施) ・・・ 70
참된 삶의 기쁨! ・・・ 75
청소년에게 홍익인간 상(償)을! ・・・ 79

| 목차 |

제2부 ◆ 예혼(藝魂)의 영지(靈地)

교향음악 견인(牽引)한 청소년교향악단 ••• 84
근육과 뼈를 깎는 예술인생 80년 세월! ••• 86
새로운 100년! 대전문화의 발전방향 ••• 90
기업과 예술이 동반성장(同伴成長)하는 길! ••• 112
내 고장 예술의 뿌리 ••• 117
2019 대전방문의 해 한·중(대전·우한)서화교류전 ••• 120
등고(登高)에 나타난 두보(杜甫)의 인격 ••• 123
문심조룡(文心雕龍)과 우리민족 ••• 129
문화교류에 새로운 지평(地平)을! ••• 135
대전시문화정책의 전환 ••• 140
민속예술경연대회와 광고사업 ••• 144
민족문화 동질성(同質性) 회복 ••• 150
불우 이웃과 함께! ••• 153
새 한밭의 토양(土壤) ••• 157
대전 발전의 과제 ••• 160
술(酒)로 생긴 36실(失) ••• 163
장진주(將進酒)를 읊어가며! ••• 167
정인정관(正印正官) 사주! ••• 173
제4차 산업시대 대전문화예술 ••• 176
흙의 신비(神祕)! ••• 180

| 목차 |

제3부 ◆ 정치와 문화예술

감상적 민주주의 ··· **186**
국민대통합정치 제21대국회의원 선거 ··· **189**
국민정신이 병들고 있다 ··· **192**
급진 폭력주의가 우리사회에 미치는 영향 ··· **195**
나라는 백성을 근본으로 삼고 ··· **200**
누가 花無十日紅이라 했나! ··· **203**
대립된 양극을 부정하면서 새 질서는 탄생하다 ··· **208**
예술이 일렁이는 대전사랑 의정발전을 위한
원로, 중견 39인 작품전 ··· **211**
미세먼지와 민심(民心) ··· **214**
베트남 북·미 정상회담을 보면서 6.25와 우리의 자세 ··· **218**
불균형의 서울집중화 문제 ··· **221**
새천년을 열어가자! ··· **224**
중산층 유감 ··· **228**
성격은 운명이다 ··· **231**
영원한 스승 JP! ··· **234**
오직 입을 지켜라 ··· **238**
우리 민족의 영원한 번영(繁榮)을 위하여! ··· **240**
자리유감(遺憾) ··· **244**

| 목차 |

    정치에 만연된 망국풍조 ··· 246
    천년 앞을 내다보자! ··· 250
    호두알 정치! ··· 254
    출판기념 축시 | 광약을 달려라! (혜원 노금선) ··· 256

제4부 ◆ 희수(囍壽) 축하 작품 ··· 259

제5부 ◆ 중국 인민정부 지도자 접견 ··· 271

제6부 ◆ 정치 지도자 접견 ··· 285

상장 · 상패 · 위촉패 ··· 298

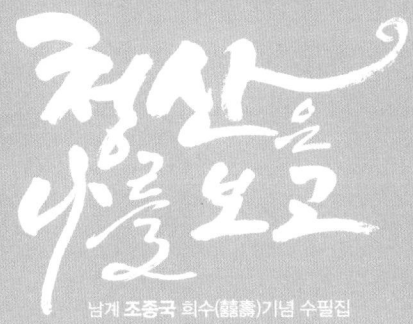

청산은 나를 보고

남계 조종국 희수(囍壽)기념 수필집

제1부

♦ ♦ ♦

아침창(窓)의 사색(思索)

청산은 나를 보고!

◆ ◆ ◆

청산은 나를 보고 말없이 살라 하고
창공은 나를 보고 티 없이 살라 하네!
욕심도 벗어놓고 성냄도 벗어 놓고
바람같이 구름같이 살다가 가라 하네!

나옹선사(懶翁禪師)의 유명한 시다.

나는 팔순(八旬) 나이에 들어 지워지지 않는 많은 기억들을 더듬어 이 책 〈청산은 나를 보고〉에 남기고자 한다.

그리고 보니 회고해 보면, 나는 어린 시절부터 글쓰기를 좋아했고 막연하게나마 청렴한 선비가 돼야 하겠다는 다짐 속에 성장해 온 것 같다. 구체적으로 어떤 역할을 해야겠다는 목표가 없이 막연하게 내가 가장 소질이 있어 서예(書藝)가가 되겠다고 다짐해 온 사람으로서 서예 예술의 창달도 어느 문화예술 못지않게 자랑스러운 일이 될 것으로 믿어왔기 때문이다.

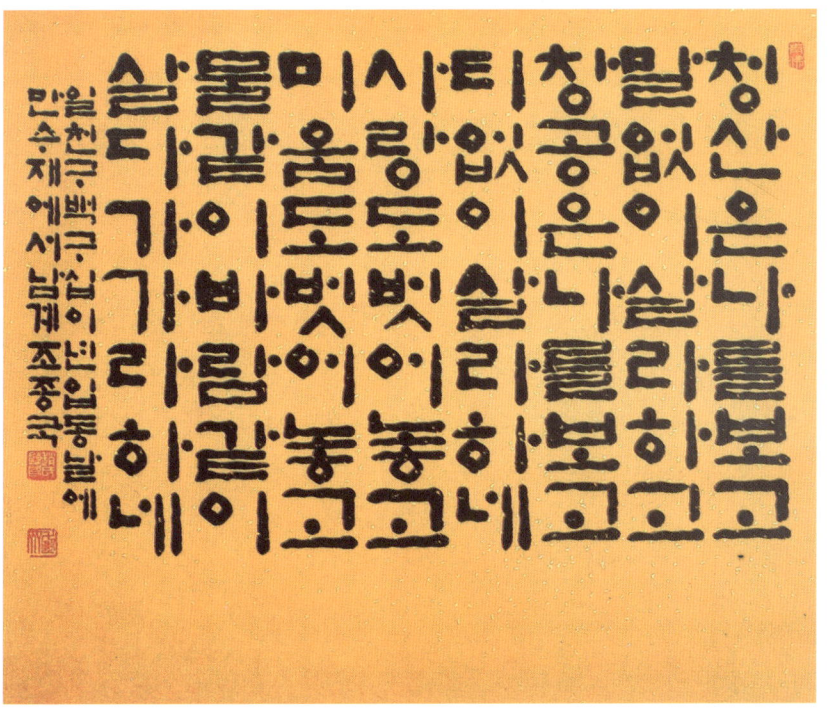

　그러한 결심을 한 나는 비장한 각오로 서예에 몰두하게 됐고, 팔이 아프도록 몇 시간씩 먹을 갈고 온종일 글씨를 절차탁마(切磋琢磨)해 각종 공모전과 국전에 도전해 불혹(不惑)의 나이에 국립현대미술관이 지정하는 국전 초대작가가 됐다. 비로소 예술분야에 별 하나를 따기 위해 수 십 년 동안 외롭고 피나는 역정을 거쳐 온 셈이다.

　아마 어느 예술가든 그가 이렇게 순수한 목표를 세우고 한 분야에 혼신의 노력을 다 쏟는 마음과 계절처럼 아름답고 귀중한 세월은 없을 것 같다.

　그러나 한 가지 목표를 달성했다고 해서 그 예술분야에서 오늘의 성과로만 만족해서는 아니 되는 것은 너무나 당연한 마음가짐일 것이다. 그에게 오늘이 있다손 치더라도 더 높은 목표를 지향(指向)하지 않는다면 분명 그 뒤엔 낙후의 퇴보가 기다리고 있기 때문이다. 바로 정열을 다 쏟아 새로운 영역의 일을 추구해야 하는 이유가 바로 여기에 있다.

예술인으로 또 문화운동가로서 무거운 책무였던 각 예술단체와 사회단체, 대전광역시의회, 그리고 현재 대전광역시 의정회장을 맡아오고 있는 나는 어찌어찌하다 지난 50여년 국가와 지역사회, 그리고 지역문예 진흥에 몸 바쳐 왔다 해도 과언이 아닌 듯싶다. 실로 이렇게 많은 일들이야말로 내겐 오히려 과분한 책무였는지도 모른다.

예술 활동에 대한 열정과 역량은 말할 것도 없고 자신의 너그러운 덕성과 심성을 지닌 자세가 아니고서는 감당하기 어려운 역할을 다 맡아 온 게 아닌가 한다. 따라서 나는 팔순(八旬) 나이에 들어 매사를 더 신중히 하고 소중히 가꾸어가고 있다. 원칙과 정도를 좌우명으로 삼고 덕불고필유린(德不孤必有隣)의 삶속에 더 많은 역할과 덕을 쌓아 나가야 한다고 다짐한다.

청산은 나를 보고 일컫는 말이다. 국가와 지역발전, 그리고 오로지 지역문예 진흥을 위해 주어진 문화예술 활동에 헌신노력하고, 앞으로 남은 여생(餘生)을 어느 경향이나 유파(流派) 그리고 일시적이나 자극적인 유행에 현혹되지 않고 유유자적(悠悠自適)하며 선비처럼 욕심도 벗어놓고 사랑도 벗어 놓고 물같이 바람같이 살다가 가려 한다.

그리움의 여백(餘白)

❖❖❖

 나는 팔순(八旬) 나이 가까이 살아오면서 서예가로서 작품 활동을 벗어나 예술단체 활동과 일반사회단체, 대전시의정책임자, 그리고 현재 대전시의정 회장으로 각종 행사들에 떠밀려 지금도 눈코 틀 새 없이 많은 시간과 세월을 보내고 있다.

 누군가 인간은 고독한 존재라고 했다. 그것은 인간이 개별자(個別者)적인 존재이기 때문이다. 다시 말하면 사람은 어느 누구와도 같지 않고 다 자기 나름대로의 개성과 특성을 지니고 있어서 그 자체가 유일무이(唯一無二)한 존재라는 의미와도 상통한다.

 천상천하 유아독존(天上天下唯我獨尊)이라는 말도 있다. 부처님만이 오직 천하에 위대한 존재라는 의미보다는 누구나 자신의 치열한 수도정신(修道精神)으로 깨달음의 경지에만 이를 수 있

다면 또한 부처님 못지않게 위대한 개별자적인 존재가 될 수 있다는 뜻에 더욱 가까운 표현이라고 하겠다.

이처럼 종교인 못지않게 고독한 일군(一群)의 존재가 바로 예술인들이다. 다른 어떤 직업을 가진 사람들보다 예술인의 직업이야말로 개별자(個別者)적인 자기만의 직업이기 때문이다.

여러 사람이 모여서 정치도 할 수 있고 회사도 운영할 수 있으며 공사판 일도 다함께 해낼 수 있다. 그러나 예술창작 행위만은 오직 고독의 산물이 다. 우리는 시(詩)나 소설을 여러 사람이 썼다든가, 그림을 여럿이 그렸다든 가, 붓글씨나 조각을 여러 사람이 함께 했다는 이야기를 들어본 적이 없다. 혹 학문에는 공동 연구가 가능한 것으로 알지만 예술행위만큼은 전혀 독창적인 고독한 작업이다.

따라서 그가 위대한 예술가라면 그는 누구보다도 고독한 상황에서 시간과 공간 속에서 오로지 예술창작에만 몰두해 온 사람이라고 해도 좋을 것이다.

우리나라의 위대한 서예가로 추사 김정희(秋史 金正喜)선생의 생애를 살펴 보자. 그의 엄청난 고독을 우리는 쉽게 발견할 수 있다. 당시 안동 김씨(金氏)의 세도에 밀려 10년간이나 제주도에서 귀양살이 생활을 한 추사(秋史)선생이야 말로 그 외딴 섬에서 평범한 사람으로서는 상상도 할 수 없는 절대고독 속에서 독서와 서화(書畵)로 그의 학문과 예술을 이룩한 인물(人物)이 아닌가.

이렇게 본다면 예술인에게 있어 외적(外的)인 핍박(逼迫)이나 가난은 오히려 내적(內的)인 탐구(探究)와 정신세계의 정진을 불러일으키는 자극제 가 되면서 그 심령의 고독에 위대한 예술의 경지를 창조하게 하는 원동력이 될 수 있다. 따라서 고독하지 못한 예술인이 생명 있는 예술작품을 창조하기란 거의 불가능하다.

세월이 여시(如矢)다. 8순(八旬) 나이에 접어든 나는 지금도 눈코 뜰 새 없이 많은 시간과 세월을 보내고 있다. 그런 생활 속에 살면서 고독한 작업에 몰두하는 시간과 공간들이 그저 아쉬움과 그리움의 여백(餘白)으로 남 는 순간이다.

내 고향(故鄉) 부여!

◆ ◆ ◆

산불고수려 수불심청징
山不高秀麗 水不深淸澄
산은 비록 높지 않으나 아름답고
물은 깊지 않으나 맑다.
이중한의 택리지에 충청도의 자연을 단적으로 표현한 말이다.

| 삼천궁녀가 고이 잠든 꿈꾸는 백마강

내가 태어난 곳 바로 부여의 산과 강이 그렇다. 어려서 초등학교 다닐 때 툭하면 올라가 놀던 부소산이 바로 그런 산이다. 별로 높지 않은 이 산이 백제의 궁성이 자리할 만큼 넓고 아름다웠으니 지금도 부여 사람치고 부소산을 좋아하지 않는 사람이 없을 것이다. 그 속에 낙화암(落花岩), 고란사(皐蘭寺), 사자루(泗泚樓), 영월대(迎月臺),

| 부여 부소산 백화정(百花亭)

송월대(送月臺) 등 발걸음 닿는 곳마다 역사의 숨소리가 들리는 유적이다. 부소산을 감고 도는 백마강 또한 깊은 세월 애환을 품고 오늘도 흐르고 있어 얼마나 정취어린 아름다운 강인가.

어린 시절엔 이 강에서 발가벗고 수영을 즐기고 백사장에서 씨름을 하며 하루해를 보낸 일들이 주마등처럼 스쳐간다.

나이가 팔순(八旬)에 접어드니 백마강 달밤에 그야말로 낙화암(落花岩)아래 일엽편주(一葉片舟)를 띄우고 정든 친구들과 선유(船遊)를 하며 백제의 회포, 삼천궁녀의 넋을 달래 본 추억도 많거니와 그래 그런지 우리 고향 부여 사람치고 풍류를 마다하는 사람이 적은데다 대개 술잔을 즐기며 노랫가락 꽤나 뽑을 줄 아는 낭만과 멋이 깃들어 있음은 이러한 산수의 영향이 큰 것 같다.

꽃피는 봄철이 오면 사비궁(泗沘宮), 낙화암(落花岩), 백마강(白馬江)의 낭만도 그러하거니와 일 년 사계절 굿드레 나루터와 규암진에 나아가 백마강에서 막 잡아 올린 장어나 그 밖의 밀물 생선을 안주로 하여 구수한 시골막걸리를 기울이는 맛이란 가히 부여 사람만이 그 진미를 알 수 있는 술맛이다.

이처럼 분위기가 도도해질 때면
종증조(宗曾祖)이신
송계(松溪) 趙득(得)자 연(年)자 할아버지가 지으신
낙화암시(詩)가 생각난다.

백제신민루만건(百濟臣民淚滿巾)
당당충의유하인(堂堂忠義有何人)
약무당세암화락(若無當世岩花落)
고국강산적막춘(故國江山寂寞春)

백제 신민(臣民)의 눈물이 수건에 가득하고
집집마다 충의(忠義)가 어이 없었겠는가!
만약 당세(當世)에 바위 꽃이 떨어지지 않았던들
고국강산은 적막한 봄이었을 것을!

부여 사람하면 사자루(泗沘樓)에 현판으로 걸러있는
애환이 서려있는 유명한 낙화암시(詩)를 읊어보기가 일쑤다.

그리고 해마다 열리는 백제문화제 때 고향에 가보면 고향의 친구들은 객지에서 찾아 온 친구를 환대하고 술자리를 만들어 한 잔 기울이며 구수한 사투리로 회포를 풀기가 일쑤다. 참으로 유순하고 원만한 인정의 술자리가 아닐 수 없다. 따라서 우리 고향 사람치고 그렇게 모질거나 약삭빠르거나 잔혹한 사람은 드물다. 한마디로 산처럼 정도 두리뭉실하고 온유한 게 그 특색이다.

우리가 잘 알다시피 백제는 라·당(羅·唐) 연합군에 의해 비참하게 최후를 마쳤다. 그러나 백제는 떳떳이 망했다. 당시 신라가 당나라의 원군이 없이 독단으로 백제를 이겼다면 그것도 역시 떳떳한 승리로 보아 무방할 것이다. 그러나 신라는 안타깝게도 다른 민족을 끌어들여 자기 민족을 침공하는데 이용한 것이다. 승전 후에 신라는 그 댓가를 당나라에 톡톡히 치렀지만 아무리 생각해도 그런 신라의 승리는 오랜 역사 속에서 떳떳하지 못한 교훈으로 오늘에 남는다.

더구나 당시 백제 삼 충신의 한 분인 계백장군이 이끄는 5천의 결사대는 황산벌에서 수많은 신라의 대군과 필적하여 옥쇄를 당하고 만 슬픈 전사(戰史)를 우리는 생생하게 기억하고 있거니와 유사시에는 결사보국(決死報國)의 무서운 정신이 백제정신이요 충청도의 기백이 아닌가 한다.

| 1989년 제27회 백제문화제 서세를 올리며

낙화암(落花岩)에서 몸을 던져 강물에 산화한 삼천궁녀의 전설, 한 임금을 섬기던 몸으로 다시 적군의 노리개

| 1989년 제27회 백제문화제 서세를 올리며

가 되느니보다는 차라리 강물에 몸을 던져 깨끗한 죽음만 같지 못하다는 열녀의 정신과 지조가 바로 그것이다.

그 또한 남정네가 황산벌에서 깨끗이 죽은 것이나 무엇이 다르겠는가. 오늘날 여성의 지조나 정절이 여반장처럼 변하는 사회 현상에 비추어 본다면 당시 백제여인의 곧은 정열은 참으로 놀라운 일이 아닐 수 없다. 백제인은 아니 충청도 사람은 이렇게 평소에는 온후(溫厚)하면서도 유사시에는 죽음을 두려워하지 않을 만큼 매서운 데가 있다. 충청도에 많은 의사(義士) 열사(烈士)가 태어난 것도 이런 백제 정신과 무관하지 않을 것이다.

고향을 사랑하려면
누구나 고향을 가꾸며

| 1989년 제27회 백제문화제 서세를 올리며

항상 애향심을 갖고 살아야 한다.

 가정을 떠나 가정을 사랑할 수 없고 조국을 떠나 애국을 부르짖을 수 없음과 똑 같은 이치다. 그러난 나는 팔순까지 충청도, 그것도 대전에서 살고 있지만 고향을 떠나 생업에 또는 작품 활동과 예술단체, 사회단체, 지방의정활동에 열정을 몽땅 다 쏟아 왔다. 고향을 사랑하는 정이야 남 못지않지만 이렇게 고향 부여를 떠나 있으니 안타까운 노릇이다.

 나의 고향은 충청도 그 중에서도 백제의 옛 도읍지였던 부여다. 누구나 고향을 생각하고 사랑하는 정은 비슷하겠지만 나는 역사의 고장, 백제의 고도였으므로 해서 더욱 고향을 자랑하고 사랑하는 사람 중에 한 사람이다.

하기는 사랑을 잃은 자가 누구보다도 사랑을 소중함을 안다는 격으로 나도 고향을 떠나있으니 고향의 소중함을 비로소 실감한다는 변명으로 스스로 자위나 하고 싶다. 정겨운 고향, 우리 부여를 뜨겁게 사랑하며 연년세세 영원한 번영을 기원한다.

남자의 심보

••••

내내 술좌석에서 들어 온 익살스러운 얘기지만 뭔가 남자들의 못된 근성이랄까 어떤 심보를 단적으로 말해주는 것 같아 소개하고자 한다.

나이 40줄에 든 남자가 자기 부인과 열심히 살아서 집도 한 칸 마련하고 자식들도 웬만큼 잘 키워놨는데 그만 아내가 시름시름 앓더니 어느 날 갑자기 세상을 뜨고 말았다.

그녀의 남편은 깊은 애도 속에서 부인의 장례를 잘 치르고 묘소도 그만하면 손색없이 잘 꾸며놓았다. 마지막으로 봉분까지 손질을 마치고 집으로 가기 위해 돌아서서 걷다가 그 남편 문득 발길을 멈추고 천천히 고개를 돌려 자기 부인의 묘를 바라보고 한마디 하는 말 〈에이 멋진 사람〉.

이번엔 나이 50줄에 든 남자, 아내는 웬 병이 들어 그동안 모아놓은 재산을 반 이상 축을 내고 심지어 집까지도 팔아 병을 고쳐야 할 만큼 막대한 고생을 시키더니 드디어 남편이 50대 후반쯤 돼서야 아내가 세상을 버리고 말았다. 그 남편 내내 아내의 묘를 쓰고 돌아서서 고개를 돌려 한마디 하는 말 〈에이 독한 사람〉.

끝으로 나이 70이 가깝도록 온갖 풍상을 다 겪으며 동고동락한 아내, 그러면서 남편에게 외도 한 번도 못하도록 철저하게 감시와 경계를 무섭게 한 아내, 어디 그 뿐인가, 자기가 쓸 돈은 거의 다 쓰고 종국엔 집까지 다 없애면서 병원비에 충당하도록 남편을 들들 볶아대다 셋방으로 나 앉은 뒤에 자기가 죽더라도 결코 장가는 가지 말라고 유언처럼 말하고 나서 눈을 감은 아내, 그 남편은 아내의 묘를 쓰고 나서 돌아서서 걷다가 한마디 뭐라고 했을까? 정답은 〈에이 질긴 사람〉이다.

세 남자 모두 옳지 못한 소리를 한 것은 틀림이 없다. 중년 상처는 망할 팔자라고 해서 비록 40대에 상처를 해도 흉하게 여겨 왔다. 따라서 이 얘기를 듣고 있으면 세 남자 모두 도덕적, 인간적으로 문제가 있는 못된 남자들이다. 그런데도 어딘가 우습고 그럴 듯하다. 세상인심이 그렇고, 대부분 남자의 근성이 그러한 점을 너무 정확하게 지적했기 때문일 것이다.

하긴 남자는 나이가 얼마가 되든 간에 상처를 하면 화장실에 가서 세 번이나 혼자 웃는다고 한다. 역시 못된 남자의 한 단면을 꼬집은 말이다.

나는 이 얘기를 여자들 앞에 소개한 적이 있다. 물론 허리를 잡고 웃는 여자도 있었다. 그러나 그들 중에서는 지금까지의 얘기를 다 그대로 두고 〈년〉자 하나만 〈놈〉자로 바꾸어도 얘기는 충분히 되고도 남는다는 말을 한 여자도 있었다. 할 말이 없다. 지금 세상이 어떤 세상인데 남녀 구분을 하는가. 그래서 인간은 다 마찬가지 아닌가.

 아니 일본에서는 남자가 50대든 60대든 직장에서 퇴직만 하면 이혼을 요구하는 가정주부의 숫자가 갈수록 늘어나는 추세라고 하니, 한국의 남자들도 이젠 아내에게 각별히 신경을 써야 할 때가 아닌가 한다.

노인의 지혜로운 삶

◆ ◆ ◆

　불교에서는 우리네 인생을 한마디로 고해(苦海)라고 표현한다. 우리가 사는 사바세계를 〈괴로움의 바다〉라 명명한 것을 보면 우리네 인생이 설사 100년을 산다 해도 즐겁고 신나게 사는 세상은 그리 많지 않으니 대체로 괴롭고 힘든 나날을 살다가는 것이 아닌가 싶어 안타깝기만 하다.

　그런 고해(苦海)의 인생에서는 그 괴로움을 사고(四苦)라 하여 흔히 생(生) 노(老) 병(病) 사(死)로 거론하고 있다. 생고(生苦)는 어머니의 태(胎)에 들어가 태에서 나올 때까지의 고통이며, 노고(老苦)는 출생 후 죽기 전까지의 쇠변(衰變)에서 오는 고통이고, 병고(病苦)는 병이 들어 받는 몸과 마음의 고통이며, 사고(死苦)는 죽음이 찾아와 목숨이 다 할 때까지의 마지막 고통이라 하겠다.

　그런데 조금 더 공부를 해보면 우리네 인생의 괴로움은 위에 든 사고(四苦)에서 그치는 것이 아니라 달리 또 사고(四苦)가 있으니 그것은 애별이고(愛別離苦), 원증회고(怨憎會苦), 구부득고(求不得苦), 오온성고(五蘊盛苦)라 하여 앞에 든 사고(四苦)와 합하여 모두 팔고(八苦)라는 엄청난 괴로움에 시달린다는 것이다.

　뒤에 든 사고(四苦)를 간단히 살펴보면 애별이고(愛別離苦)는 사랑

하는데 헤어져서 만나지 못하는 괴로움, 원증회고(怨憎會苦)는 원망하고 미워하는 사람과도 만나지 않으면 안 되는 괴로움, 구부득고(求不得苦)는 나름대로 갖고 싶은 것을 얻지 못하는 괴로움, 오온성고(五蘊盛苦)는 오성음고(五盛陰苦)라고도 하며 인간의 심신을 형성하는 요소인 오음(五陰) 즉 색(色) 수(受) 상(想) 행(行) 식(識)에서 생기는 육체적 정신적 고통이 너무 왕성하여 나타나는 괴로움을 말한다.

이렇게 인간으로 태어나 한두 가지의 괴로움도 아니고 여덟 개나 되는 괴로움을 겪고 시달리며 살아야한다니, 생각하면 우리네 인생이란 것이 얼마나 괴로움의 강물 속을 헤엄치며 어렵게 살아가고 있는 가엾은 존재인가 하는 의문이 든다.

그런데 지금까지의 여덟 가지 괴로움은 일반적인 이야기이고 나이가 팔순(八旬) 이상의 노인이 되면 이 8고(八苦)에 또 네 가지 괴로움이 더 따른다는 것이다.

그것은 병고(病苦), 빈고(貧苦), 고독고(孤獨苦), 무위고(無爲苦) 이렇게 네 가지 괴로움이다. 병고(病苦)는 나이 들어 몸이 아픈 괴로움이요, 빈고(貧苦)는 경제적으로 어려운 괴로움, 고독고(孤獨苦)는 남녀 간에 자신의 반려자를 먼저 보내고 혼자 외롭게 사는 괴로움, 그리고 무위고(無爲苦)는 하루 종일 아무 할 일이 없이 멍하니 앉아 있거나 누워 지내는 괴로움이다.

물론 모든 노인이 다 이 네 가지 괴로움으로 괴로워하는 것은 아니다. 노인에 따라서는 이 4고(四苦)와는 전혀 관계없이 행복하게 잘 지내는 분들도 많다. 그러나 우리나라의 노인들이 대체로 노후 대책을 제대로 세우고 잘 지내는 노인은 겨우 30%도 안 된다는 통계를 보면 상당수의 노인들이 이 노인 4고(四苦)에 시달리고 있다고 볼 것이다.

그러나 우리가 비록 노인이 됐다고 해도 이렇게 많은 괴로움을 너무 의식하고만 산다면 우리의 삶은 너무나 의미가 없고 정말 괴로움과 고통의 연속으로 우리는 너무 보잘 것 없고 아무 것도 할 수 없는 존재가 될 수밖에 없다.

서양 속담에 〈괴로움은 인간의 위대한 교사(教師)다. 괴로움을 느끼고 이를 극복해 나가는 데서 정신은 발육한다.〉라는 말이 있다.

가령 노인에겐 병고가 가장 큰 괴로움의 하나이지만 우리는 아프다고 자신을 자포포기할 것이 아니라 병을 하나의 내 다정한 친구처럼 생각하고 적당한 운동, 유쾌한 마음, 적절한 음식, 그리고 휴식 등을 예사로 생각하고 대처해 나간다면 병고에서 벗어날 수도 있다고 본다. 하여 유병장수(有病長壽)란 말도 생겨난 것이 아닌가 한다.

위에 든 애별이고(愛別離苦)의 괴로움도 공연히 사랑하는 사람을 만들어 놓고 그 사람을 영영 못 잊는 데서 오는 괴로움이다.

법구경(法句經) 제16장에 나오는 법구(法句)에는
사랑하는 사람 만들지 말고
미워할 사람도 만들지 말라.
사랑하는 사람은 못 만나서 괴롭고
미운 사람은 만나서 괴로우니라.

그러니 나이 들어서 부질없는 사랑의 노예가 된다면 그것도 더 괴로운 일일 뿐이다. 그리고 무위고(無爲苦)를 해결하기 위해서는 노인이라고 취미생활이나 예술 활동을 하지 말라는 게 아니라, 노인이지만 얼마든지 할 수 있는 취미생활을 갖고 예술 활동도 해 나갈 수 있다고 생각한다. 가령 서예나 그림, 노래교실이나 헬스클럽, 수영과 등산 등 찾아보면 얼마든지 많은 취미와 오락을 건전하게 즐길 수 있지 않은가!

우리는 살아가면서 괴로운 나날을 겪지 않을 수는 없다. 특히 노인은 인생의 황혼기를 살아가는 어려운 세대인 만큼 그에 따른 괴로움이 없을 수는 없다. 그러나 너무 인생의 한계나 종말(終末)에만 집착하지 말고 하루하루를 즐겁고 보람 있게 보내는 방안을 찾아야 할 것이다. 고진감래(苦盡甘來)란 말도 있듯이 그 괴로움을 그때그때 지혜롭게 극복해 내고 닥쳐오는 시련을 긍정적으로 이겨 나간다면 자신의 행복한 삶에 오히려 새로운 묘방(妙方)이 생기지 않을까 한다.

눈 내리는 날에

◆ ◆ ◆

사람들은 왜 눈이 오면 그렇게들 기뻐하는 것일까!
사람들은 왜 눈이 오면 만나자고 약속하는 것일까!
왜 눈이 오는 날 누군가를 만나고 싶어 하는 것일까!

김광균 시인의 설야(雪夜)란 시가 생각나는 아침이다. 겨울철이 되어 하얀 눈이 자주 내리는 것도 겨울의 아름다운 모습이니 결코 탓할 일은 아니리라.

어느 먼 곳의 그리운 소식이기에 이 한밤 소리 없이 흩날리느뇨
처마 끝에 호롱불 여위어 가며 서글픈 옛 자취 양 흰 눈이 내려
하이 얀 입김 절로 가슴이 메어 마음 허공에 등불을 켜고
내 홀로 밤 깊어 뜰에 나서면 머언 곳에 여인의 옷 벗는 소리
(이하 생략)

이 시에서 절정은 역시 〈내 홀로 밤 깊어 뜰에 나서보니, 눈 내리는 소리가 마치 먼 곳에서 여인이 옷 벗는 소리와 같다.〉는 표현이다. 그 사각사각 눈 내리는 발자국 소리를 여인이 옷 벗는 소리와 같다고 표현한 이 시인의 감각도 로맨틱하지만 그런 감각을 시로 옮겨 발표할 수 있는 이 시인의 용기도 대단하다.

따라서 우리는 눈이 내리는 날 자기 자신이 낭만의 주인공이 되어 시

처럼 내리는 눈을 멋있게 맞아줄 아름다운 시정(詩情)도 챙길 수 있어야 한다.

그리고 눈이 내리는 날엔 대체로 보고 싶거나 그리운 사람이 생각나는 게 우리네 보편적인 감정이다. 더구나 그 사람과 첫눈이 내리는 날에 어떤 약속으로 이루어진 추억이나 로맨스가 있다면, 그 뒤로도 첫눈이 오는 날은 더 가슴이 뛸 것이다. 그러나 지금은 그 사람과 같이 살거나 함께 있지 않다면 첫눈이 올 때 그 사람이 더 그립거나 더 만나고 싶은 게 인간의 상정이다.

최근에 히트한 진성의 노래 〈안동역에서〉의 가사 중 1절만 감상해 보자.

바람에 날려버린 허무한 맹세이었나
첫 눈이 내리는 날 안동역 앞에서 만나자고 약속한 사람,

새벽부터 오는 눈이 무릎까지 덮는데 안 오는 건지 못 오는 건지
오지 않는 사람아 안타까운 내 마음만 녹고 녹는다.
기적소리 짙어진 밤에.

이 노래의 가사에서도 두 사람은 첫눈이 오는 날 만나자고 약속했지만 결국 한 사람이 나타나지 않아 애를 태우다가 밤늦게까지, 다시 말하면 그날 낮부터 시작해서 기적소리가 짙어지는 밤까지 기다림에 지쳐 이런 가사가 나왔고 그 가사로 가수는 열창, 이 노래에 그 날 주인공의 심정이 잘 나타나 있다.

따라서 기다림의 미학은 한 쪽은 나오고 한 쪽은 나오지 않는데 있다. 두 사람이 다 서로가 별로 기다리지도 않고 제 때 만나서 행복하게 웃고 맛있는 것 먹고 실컷 즐길 만큼 즐기다가 헤어졌다면 안타까울 일이 하나도 없고 이런 가사나 노래도 나오지 않는다.

모든 문학 작품이 대체로 그러하지만 두 사람이 잘 만나서 아무 갈등도 헤어짐도 없이 잘 먹고 잘 살다 거의 같은 날 저 세상으로 잘 떠나갔다면 그런 작품은 우리들에게 아무런 감동도 주지 못한다. '안동역에서'의 가사처럼 한 사람은 기다리고 한 사람은 나오지 않고, 그래서 그리움은 커지고 밤늦게까지 기다림의 아픔에 울고 있을 때, 이런 가사가 자연스레 나오는 것이 아닌가. 또 그런 가사가 우리네 심금을 울리면서 이 노래를 부른 주인공인 진성씨도 일약 유명 가수로 부각된 게 아닌가 싶다.

눈 내리는 날 이야기를 하다 보니 서예가들이 즐겨 쓰는 서산대사(西山大師)의 다음 오언 절구 시도 생각난다.

담설야중거 불수호란행 금일아행적 수작후인정
踏雪野中去 不須胡亂行 今日我行跡 遂作後人程

눈 덮인 들길 걸어갈 때에 행여 아무렇게나 걷지 말라
오늘 남긴 내 발자국이 후세인들에게 이정표가 될 것이다.

　이 시에서는 꼭 눈에 덮인 들길을 걸어갈 때 그 걸음걸이를 조심하라는 뜻도 있지만 그보다는 우리가 인생의 무슨 길(일)이나 그 길을 걸어갈 때 잘못을 저지르면 우리 뒤를 따르는 후배나 후학들이 선배의 전철을 본뜨게 되니 무슨 길보다는 오히려 무슨 일이든 바르고 참되게 하라는 교훈이 스며있다고 본다. 사람이 하는 일이 곧 그 사람이 살아가는 (걸어온) 길과 비유됨을 우리는 너무 잘 알고 있지 않은가.

겨울 눈 내리는 오후 그대 고운 사연
촉촉이 우울한 마음 달래며 눈송이에 실어 보내 주시려나.

겨울 눈 내리는 오후 그대 맑은 노래
촉촉이 우울한 마음 달래며 눈송이에 태워 들여 주시려나.

겨울 눈 내리는 오후 그대 예쁜 모습
촉촉이 우울한 마음 달래며 눈 줄기를 뚫고 내게 오시려나.
〈파불로〉

　이번 겨울에 눈이 잦으니 눈 오는 날의 낭만, 눈 오는 날 연인과의 만남, 그리고 눈길과 인생의 바른 길 등을 잠시 살펴보게 하는구나!

먹을 가는 마음으로

◆ ◆ ◆

글씨를 쓰는 사람치고 글씨 쓰기 전에 준비해야 하는 일이 먹을 가는 일이 아닌가 한다. 요즘에 이르러 먹물 상품이 나오긴 했지만 대강 하루 서너 시간의 글씨를 쓰려면 적어도 두 시간 정도는 먹을 먼저 갈아야 하니 절차가 결코 수월한 노릇이 아니다.

더구나 그 행위가 연당(硯塘) 위에 먹을 계속 문대는 단순 노동(?)이고 보니 지루하고 따분하기 그지없다. 하여 아랫사람에게 시켜 갈게 하는 사람도 많다. 물론 시간에 쫓겨 도저히 자신이 먹을 갈아야 할 입장이 아니면 그럴 수도 있으나 그 것은 자고(自古)로 법이지 정상적인 서가(書家)의 도는 아니라고 본다. 정상적인 서가라면 자신이 써야 할 글씨를 위해 자신이 직접 먹을 갈아야 하는 연유를 스스로가 너무 잘 알 것이기 때문이다.

글씨에 어느 정도 입문(入門)한 사람이라면 먹을 가는 행위가 단순 노동이 아닌 서가(書家) 수양이요, 서가의 기본자세임을 터득했을 것이다. 우리는 흔히 붓글씨가 자신의 수양과 인격도야에 좋은 예술이라고 말한다. 마음을 차분히 가라 앉게 하고 자제력(自制力)을 기르는데도 좋은 게 서도(書道)라고 한다.

그렇다면 붓글씨의 어느 행위가 가장 자신의 수양과 인격의 연마에 기여하는 행위일까! 물론 한 점 한 획 청정한 마음으로 그어 나가는 데서도 그러한 경지를 찾아 낼 수는 있을 것이다. 그러나 나는 운필(運筆)의 순간보다는 먹을 가는 시간이 훨씬 더 자신의 마음을 차분히 가라 앉히는 침잠(沈潛)과 사색의 경지가 아닌가싶다.

〈마음을 비운다.〉라는 말도 정치가의 용어이기보다는 서가(書家)의 기본자세라고 보아 좋을 것이다. 허심(虛心)은 곧 먹을 조용히 차분하게 갈아가면서 먼저 마음의 티끌을 씻고, 마음의 부질없는 욕심에서 벗어나 가장 순수하고 정갈한 경지에까지 이를 수 있다면 그는 분명 그날 좋은 붓글씨를 쓸 수 있을 것이기 때문이다.

따라서 먹을 가는 시간은 결코 지루하거나 다분히 낭비되는 시간이 아니다. 오히려 인내와 자제를 통해서 숙연(肅然)히 자아(自我)를 찾을 수 있는 경건한 시간이 바로 먹을 가는 시간이다.

학문을 연구한다는 말을 흔히 연마(硏磨)한다고 하는데 이 연(硏)자를 벼루 연(硯)자로 바꾸어 생각해도 서가(書家)들에게는 큰 망발이 아닐 듯싶다. 먹을 가는 행위가 곧 벼루를 가는 행위요 이것이 서가(書家)들에게는 학문을 갈고 닦는 행위와 크게 다를 것이 없기 때문이다.

　너 나 할 것 없이 한국 사람은 대체로 인내심과 자제력이 부족한 편이다. 성질이 급하니까 싸움이 잦고, 싸움이 잦으니까 지연(地緣)이니 학연(學緣)이나 찾으면서 자기들끼리만 똘똘 뭉쳐 남을 미워하고 남을 싫어한다. 먹을 가는 마음으로 인내와 자제(自制)기능을 키워 성질을 느긋하게 하는데 큰 도움이 될 것이다. 그런 깊은 뜻이 있기에 자고(自古)로 위대한 서가(書家)가 위대한 지도자가 된 것이 아니겠는가. 우리 모두 차분한 마음으로 먹을 갈 줄 아는 서예인(書藝人)이 돼야 할 것이다.

무심천을 지나며

◆ ◆ ◆

　대전의 이웃인 청주에는 무심천(無心川)이란 내(川)가 있다. 비단 나 혼자 느끼는 바는 아니겠지만 그 이름 무심천(無心川)을 지날 때마다 내(川) 이름치고는 너무나 불교적이고 또 도교적(道教的)인 이름이라는 생각이 든다.

　무심(無心)은 매사에 아무 뜻이 없다는 무관심이나 남에게 매정하기까지 한 몰인정의 무심이 아니라, 여기서는 매사에 쓸데없는 욕심을 갖지 말고 늘 마음을 비우면서 살아가는 편이 훨씬 지혜롭다는 뜻의 허심(虛心)이나 무욕(無慾)을 가리키는 뜻일 테니까 말이다. 이 흘러가는 냇물을 보거든 인생도 덧없이 흘러간다는 사실을 알고 부질없는 탐욕을 이 냇물에 씻은 듯이 버려 보아라하는 목소리가 들리는 것 같아 무

심천(無心川)을 가진 청주시민들이 그저 부럽기도 하다.

사람이 한 평생을 살면서 어떤 일을 크게 성취하기도 힘든 일이지만 세속의 헛된 꿈과 욕심을 버리고 아무 두려움 없이 살아가기는 더욱 힘든 노릇이 아닌가 한다.

불경에 심무묵애(心無墨碍)란 말이 있다.
마음에 아무 걸림이 없다는 뜻이다.
따라서 마음에 걸림이 없는 사람은
두려워할 것도 없다는 뜻이다.

곧 무애시무외(無碍是無畏)의 경지가 바로 그것이다. 진실로 용기 있는 사람은 마음에 아무 거리낄 것이 없는 담담하고 허심(虛心)한 사람이다. 이러한 경지가 곧 무심(無心)의 경지가 아니겠는가. 청주란 지명도 깨끗한 마음을 가진 사람들이 모여 사는 고을이란 뜻이니 아주 좋은 이름이다. 그러나 나는 무심천(無心川)이란 내(川)의 이름에 더욱 마음이 끌려 가끔 이곳을 지난다.

이는 마치 노자(老子)의 도덕경에 나오는 치허극(致虛極)의 표현과도 상통하는 경지가 아니겠는가. 욕심을 버리고 마음을 비워놓아야 진실로 군자의 경지에 이를 수 있다는 뜻이니 자고로 청주엔 이렇게 허심탄회(虛心坦懷)하게 인생을 사는 선각자들이 많았기에 내(川) 이름도 결코 무심하지 않게 무심천(無心川)으로 지은 것이라고 본다.

지금이야 거의 불가능하겠지만 한 반세기 이전만 해도 가령 무심천가에는 낚싯대를 드리우고 유유자적(悠悠自適)하게 하루해를 보낸 도

인(道人)들도 있었을 것이고 여름철이면 물장구치고 놀던 아동들도 있었을 것 같다.

이제는 현대화된 청주에서 시급히 추진해야 할 시민복지사업도 많을 것으로 안다. 그러나 무심천(無心川)의 냇물을 옛날처럼 맑고 아름다운 모습으로 복원하는 사업도 청정심(淸淨心)을 가진 청주시민들이 힘을 모아 추진했으면 하는 낭만적인 생각을 지녀보며 청주를 지나는 한 사람의 욕심이라면 그 또한 낭만적일까 과욕일까!

성격은 운명이다

◆ ◆ ◆

〈성격은 운명이다〉라는 말이 있다.
그 사람의 개성이나 인간성이 결국 그 사람의 현실과 그 사람의 장래까지도 좌우한다는 뜻이다.

가령, 원만하고 침착한 사람은 그가 처리하는 일도 원만하고 차근차근하게 해나가는가 하면, 까다롭고 성급한 사람은 내내 하는 일도 우여곡절이 많고 일이 끝난 뒤에도 하자가 따르게 마련이다. 서양에서도 햄릿형은 우유부단하고 내성적인 성격의 대명사로, 동키호테 형은 좌충우돌하고 변덕이 심한 외향적인 성격의 상징으로 나누고 있고, 그 두

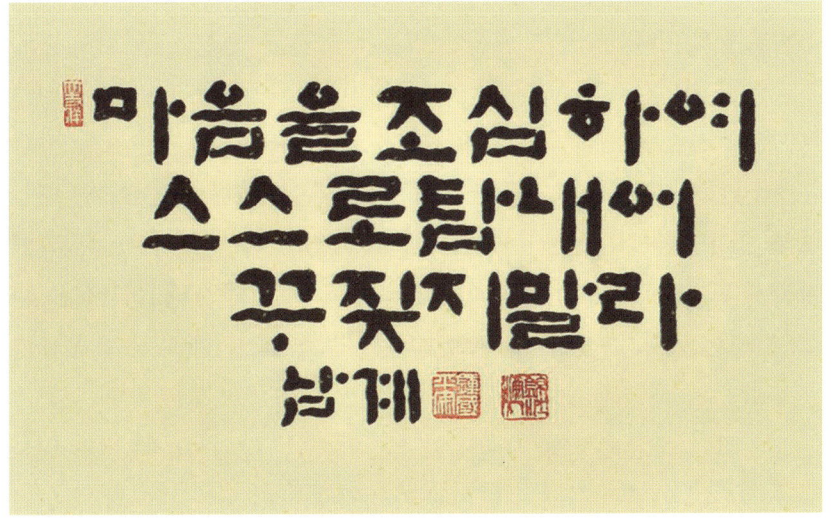

성격이 갖는 인간의 운명이나 장래까지도 판이하게 다름은 더 말할 나위가 없다.

하긴 사람의 얼굴이 다 다르듯이 사람의 성격이 다른 것은 어떤 의미에선 다행스럽고 재미있는 일인지도 모른다. 그래야 서로 남과 어울려 조화를 이루고 재미있게 살 수 있을 테니 말이다.

이 세상에는 총상(總相)의 통일된 아름다움이나 획일적인 이미지도 필요하지만, 그만 못지않게 별상(別相)의 개별적인 아름다움이나 조화도 꼭 필요한 것이다. 한 가지 꽃만 군생(群生)하는 모습도 장관이지만 여러 가지 모습의 여러 가지 색깔을 띤 많은 꽃들의 다양한 모습도 얼마나 아름답고 아기자기한가.

꽃이 그러할진대 사람의 성격 또한 각양각색인 것은 그대로 자연의 섭리인지도 모른다. 따라서 서로 대조적인 사람끼리, 혹은 유사한 사람끼리 서로 어울려 사는 사회야말로 자연의 꽃밭이나 숲속 못지않게 신비로운 것이다.

그런데 같은 성격이라고 하더라도 유달리 모진 사람 혹은 모난 사람은 개성이 있다기보다는 뭔가 문제가 있다고 보아야 할 것이다. 다시 말하면 사람이 너무 잔인하거나 표독스러운 것은 일종의 정신질환에 가까운 환자인 셈이다. 그렇지 않고서야 툭하면 화를 내고 앙심을 품고 제 성질을 제가 못 이겨서 노발대발할 리가 있겠는가.

원래 모난 사람은 열등아이기 쉽다는 것이다. 어려서부터 뭔가 열등감을 가지고 불만과 불안 속에서 살아왔기에 나이가 든 뒤에도 남을 미워하고 공연히 성깔을 부리는 경우가 많다는 것이다.

　우리 속담에 〈모진 사람 옆에 있으면 벼락 맞기 쉽다〉는 것도 모난 사람이 자신의 주변에 아무 도움을 못주는 대신 오히려 큰 손해나 상처를 입히기 쉽다는 사례를 지적한 것이다.

　매사에 자신이 있고 떳떳하여 스스로 부끄러울 게 없는 사람은 누가 화 좀 내보라고 해도 결코 화를 낼 이유가 없을 것이다. 그러나 속에 든 것이 없고 자신의 역량이나 경륜도 없고 앞으로 무슨 일을 제대로 끌고 나갈 만한 힘도 없는 사람일수록 성깔만 못쓰게 길들어서 툭하면 화를 내고 안절부절하는 예를 얼마든지 볼 수 있다.

　인장지덕(人長之德)이요, 목장지패(木長之敗)란 말처럼 사람은 훌륭한 사람 밑에 있으면 덕을 보고 나무는 큰 나무 밑에 있으면 작은 나무가 살 수 없듯이 우리는 모진 사람 아닌 덕 있는 사람이래야 딴 사람에게도 큰 덕을 베풀 수 있다.

　따라서 모진 사람도 자기가 모진 사실을 깊이 반성하고 자기 스스로 덕과 인정을 갖추기 위하여 꾸준히 노력하는 자만이 새로운 인간으로 태어날 수 있을 것이다.

순기능과
역기능(逆機能)의 휴대폰

◆ ◆ ◆

우리나라 국민들처럼 국민의 대대수가 휴대폰을 사용하고 있는 나라는 아마 지구상에 거의 없을 것으로 여겨진다. 우리나라는 약 80% 이상의 국민이 휴대폰을 사용하고 있고 그 중 약 70%가 스마트폰 이라고 하니 이 정도라면 정확한 통계는 잘 모르지만 세계 1위가 아닐까한다. 지하철을 타보면 노인석을 제외한 좌석엔 거의 모든 승객이 스마트폰을 보고 듣는 경우가 허다하고 서서 가는 승객들도 비슷한 양상이니 가히 우리나라는 IT 강국이라고 해도 손색이 없을 것 같다.

스마트폰이 생겨 우리가 일상생활에서 얻은 편리함은 이루 말할 수 없이 많다. 문자메시지를 통해서 전화보다 싼 요금으로 소통하고, 지워지지 않는 기록으로 상대방과 의견과 정보를 교환하고, 카메라 대신 사진을 촬영해 보관하고 동영상을 볼 수 있는데다 카톡으로 사진이

나 동영상을 교환하고 심지어 그룹채팅방까지 만들어 많은 회원들이 서로 정보나 의견을 다 같이 교환하고 볼 수 있는 시스템도 가능하니 이렇게 신기하고 좋은 기기(機器)가 세상에 어디 또 있겠는가.

어디 그 뿐인가 본인이 원하는 앱만 누르면 각종 사전, 지도, 인터넷, 게임, 계산기, 날씨, 알람, 무비, 녹음기 등 이루 헤아릴 수 없이 많은 서비스가 얼마든지 대기하고 있으니 스마트폰이야말로 현대인이 만든 최상의 요술 상자라 해도 과언이 아니다.

그러나 문제는 이 스마트폰이 가지고 있는 부정적 측면, 다시 말하면 이 스마트폰 때문에 생기는 사회적 공해나 손실도 간과할 수 없이 많으니 이 점을 심사숙고해야 될 것이다. 몇 가지만 그 실례를 들어보면 스마트폰이 나오고 나서 신문이나 책을 보는 독자가 크게 감소하고 있다는 점이다. 비근한 예로 몇 해 전만해도 아침에 지하철을 타려면 항상 입구에 무가지 일간지 신문이 손님을 반기고 있었다. 그러나 최근엔 그런 신문은 아예 없어졌다. 서점도 대형서점 몇 곳을 제외하면 거의 경영난에 봉착해 문을 닫는 곳이 허다하다. 책을 읽는 국민이 날로 줄어가고 있는 추세다. 나 자신도 글을 쓰고 있지만 해가 갈수록 독자로부터 멀어져가고 있는 현실이다. 반일감정으로 일본을 우리가 미워하고 있지만 일본을 다녀온 많은 분들이 일본 지하철에서는 책을 들고 독서하는 손님이 스마트폰을 사용하는 손님보다 훨씬 많다는 사실이다. 책을 읽는 국민이 많은 나라가 진정한 문명국가요 그런 나라가 보다 건전하고 융성하게 발전하는 것은 너무나 당연한 결론이다.

일본은 올해도 노벨상 과학 분야에 2명의 수상자를 내어 이 분야에만 무려 21명의 수상자를 배출했으니 이 분야에 하나도 없는 우리나라와는 너무 대조적이다.

　길을 걸을 때도 이 스마트폰을 보고, 심지어 횡단보도를 걸을 때도 마찬가지니 이때 생기는 교통사고도 한두 건이 아니다. 차를 운전하면서도 스마트폰 사용으로 주고받는 운전자들은 귀중한 생명을 담보하고 통화를 하는 셈이다. 심지어 미성년자들의 스마트폰에도 남녀 간의 치부나 노골적인 성행위가 뜨는 사례가 허다하다고 하니 성교육 차원에서 이런 걸 자주 보고 자라면 이성에 대한 신비감이나 순수한 이성관이 마비될 것도 큰 문제다. 부부간에도 이 스마트폰에 걸려오는 전화나 메시지 때문에, 그리고 그 내용을 서로 알려고 하고 숨기려하는 갈등 때문에 서로 다투다가 급기야 이혼으로까지 치닫는 사례는 너무 흔하지 않은가.

　최근 신문 보도에 의하면 지난 2월, 헌법재판소에서 간통죄가 폐지된 이후 인터넷이나 SNS로 배우자의 불륜을 공개적으로 고발하는 사례가 늘었다고 한다. 간통죄가 없어져 법적으로는 처벌이 안 되니까 페이스북 등에 배우자의 실명과 얼굴사진을 넣고 무려 수만 여 명으로부터 〈좋아요〉와 댓글을 달게 하여 배우자를 망신을 주거나 아주 매장시켜버리는 현실이 되었다고 한다. 이렇게 재판보다도 무서운 게 바로 스마트폰이다.

　재독 철학자이며 베를린예술대학 교수인 한국인 한병철 씨가 최근 잠시 귀국해 기자와의 인터뷰에서 휴대전화가 안 터지는 그리스 오지로 2주간 여행을 다녀온 뒤 자신의 애인과 파경을 겪었는데 그 헤어진 원인이 2주간 서로 휴대폰과 소통이 안 된 때문이라는 것이다. 2주 만 소통이 안 돼도 상대방을 의심하고 헤어지자는 발상, 그런 현대인의 뇌

리 한복판에 스마트폰이 있다.

　휴대전화가 문명의 이기(利器)요, 우리들 일상생활에 아주 필요한 매체인 것은 틀림이 없다. 그러나 이를 남용하거나 오용하면 또 과신하면 그만큼 사회적 공해와 손실이 크다는 것을 깊이 인식하고 우리 모두 휴대폰 사용에 큰 절제와 지혜를 활용하는 보람된 삶이 되어야 할 것이다.

시간 공간(時間空間) 그리고 나!

◆ ◆ ◆

고장 난 벽시계는
멈추었는데
저 세월은 고장도 없네!

유행가 가사에서도 벽시계나 인생은 가다가 멈출 수도 있지만 세월은 멈출 줄도 모른다고 했다. 이처럼 무서운 게 세월이고 시간이니 그 시간과 공간을 소중히 여기고 쓰고 살아야 되지 않겠는가!

무정세월약류파(無情歲月若流波)란 글귀가 있다. 무정한 세월은 마치 흐르는 냇물과 같이 흘러간다는 뜻이다. 한해를 보내고 맞이하는 세월의 한 갈피에 서서 보면 다 같은 날들이거늘 천간십이지(天干十二支)의 띠마다 느껴온 별난 느낌도 이제 별로 실감이 나지를 않는구나!

그러니 팔순(八旬)에 가까운 노년의 입장에서 밝아오는 새해에 대한 기쁨보다 보내고 또 보내야하는 세월에 대한 아쉬움이 앞을 가리고 그리 많이 남지 않은 내 인생에 대한 애착과 기대가 유별나지 않을 수 없다.

일각이여삼추(一刻而如三秋)란 말도 있다. 지난 세월이 원망스럽게 느껴져도 아직 건강하고 나름대로 해야 할 일들이 많은 나에게는 가버린 시간이 너무 아쉽고 남아 있는 시간과 공간이 너무 소중해 다행스러운 일이 아닌가 여겨진다.

올해 나이 100세이신
연세대학교 김형석 명예교수는
2019년 새해 초하룻날 KBS 아침방송에서
나이가 들어도 할 일이 많은 사람,
원만한 인격을 갖춘 사람,
그런 사람이면 행복한 사람이라고 하셨다.

물론 그 일이란 사리사욕(私利私慾)이나 남을 해(害)하는 일이라면 있어서는 안 될 일이지만, 일을 통해서 함께 아름답게 사는 사회건설과 국가발전, 그리고 문화 창달과 예술창조 등, 뜻있는 일들을 하는 사람이라면, 그리고 그 사람이 남에게 모범이 되고 원만한 인격을 갖춘 사람이라면 나이를 떠나 그는 얼마나 행복한 사람이겠는가!

흐르는 세월은 젊은 사람이나 노인이 다 같이 보내는 입장이지만 앞길이 창창한 젊은이보다 살아갈 날이 그리 많지 않은 노인에겐 무슨 일을 하든지 그 시간과 공간은 아쉽고 소

중할 수밖에 없지 않은가!

　따라서 나이가 많은 사람이 남은 세월의 시간과 공간을 나름대로 보람 있는 일을 찾아 소기의 성과를 이룩할 수 있다면 그 얼마나 좋겠는가!

　그러나 남은세월 시간과 공간을 선용하고 남은 세월을 낚는 노인에겐 할 일이란 실로 별것이 없지 않은가! 바람직한 일이 있다면 그 역시 건강한 몸을 유지하고 시간공간을 금처럼 아끼고 즐겁게 쓰는 도리밖에 무슨 묘수가 또 있겠는가. 따라서 나이 들어 자신에 주어진 시간공간을 선용하지 못하는 사람은 그 인생이 허무하다고 해도 과언이 아닐 것이다.

공자(孔子)도
내가 하루 종일 먹지 않고,
밤새 자지 않고,
생각에만 몰두했으나 아무 이익이 없었다.
결국 배우는 노릇만 못하다.

　여기서 배움은 스스로 공부하는 일로 자신의 보람 있는 일에 몰두하라 했다.

　흔히 우리는 공부나 일을 하라는 말은 〈밥값〉을 하라는 말이나 똑 같은 말로써 우리 주변에서 밥값을 못하는 사람을 많이 본다. 요즘 경제 상황이 좋지 않아 연애. 결혼. 출산. 취업을 포기하는 사포세대(四抛世代)의 세상이라고도 한다. 그리고 멀쩡한 사람이 노숙자 노릇을 하는

가하면 웬만큼 사는 사람도 하루 종일 아무 일도 하지 않고, 또 아무 책도 보지 않고 그저 어물쩡하게 무위도식(無爲徒食)하는 사람이 부지기수(不知其數)다.

불교에서는 일일불작일일불식(一日不作一日不食)이라 하루 일을 하지 않으면 먹지도 말라고 엄격한 가르침을 주고 있다. 바로 놀고먹는 것을 무섭게 경계한 것이다.

그리스의 작가 소포클레스는 〈늙어가는 사람만큼 인생을 사랑하는 사람은 없다.〉라고 했다. 우리는 나이 탓이나 하고 인생을 자포자기(自暴自棄)하는 것이 아니라 나이 들어 갈수록 인생을 보람 있는 일을 찾아 아껴 써야 한다.

우리는 너무 빠른 시간의 여울 속에서, 그리고 결코 멈추지 않는 시간 속에서 세월의 무상함을 한탄만 할 것이 아니라, 그 시간과 공간을 선용(善用)하고 보람 있는 일에 몰두해 살다 떠나는 것이 아름다운 인생이 아니겠는가!

심야 PC방!

◆ ◆ ◆

　서울을 비롯한 경향각지 시내 중심가에서 24시간 영업을 하는 PC방에 청소년들이 모여 게임, 음란비디오 관람 등으로 밤을 새우고 있다는 소문은 우리를 매우 우울하게 한다.

　특히 연말이 가까워지면 청소년들의 긴장이 풀리기 쉽고, 입시 준비의 과정에서 탈락하는 수험생들 수도 늘어나는 계절이어서 이들 문제를 우리가 그대로 넘기기가 어려운 실정에 있다.

우리는 우선 혹여 이들 〈심야 PC방〉의 불법성과 불건전성, 업주의 비윤리성 등을 예감하면서 지적하고자 한다. 이들 〈심야 PC방〉은 입장료를 받고 청소년들의 음주를 허용하고 음란비디오를 밤새 관람(?)하게 하는 것은 원래 PC방의 성격에 어긋나는 탈선적이고 불법적인 영업일 것이다. 요즘 〈심야 PC방〉은 대부분이 칸막이방과 노래방까지 만들어 놓고 있다니, 어쩌면 숙박 영업을 하고 있는 것과 같아 보인다.

몇 해 전 간행물윤리위원회가 주최한 포럼에서도 외국 것을 불법복사한 입에 담기조차 민망한 음란만화와 비디오의 범람이 청소년들의 정서와 도덕성을 타락시키고 있다는 것이 큰 문제로 제기되었다. 앞길이 창창한 청소년들이 학업을 포기하고 어두운 곳에서 게임이나 하고 이들 음란매체나 보고 밤을 새우고 있을 것을 상상해 보면 부모는 물론, 듣는 이 모두가 가슴 아픔을 느낄 것이다. 영업의 업주는 청소년지도라는 차원에서 직업윤리의식을 발휘하여 〈심야 PC방〉을 건전하게 운영하기를 바라는 마음 간절하다.

이와 함께 우리는 청소년들이 많이 몰리는 학원주변에 불건전한 환경이 방치되는 것에 대해서도 주의를 환기하고자 한다. 학원은 정규학교는 아니지만, 향학(向學)을 위하여 젊은이들이 모여든다는 점에서 학교나 마찬가지로 그 교육적 성격이 보호되어야 할 것이다. 이러한 뜻에서 학원 주변의 유해환경은 학교 앞의 유해환경 제거와 같은 차원에서 행정적으로 강력하게 단속되어야 할 것이다.

그리고 우리는 무엇보다도 가출 청소년의 지도에서 건전한 가정과 부모의 역할을 강조하고자 한다. 이곳 만화가게에서 자고 있는 여러 청소년들이 〈부모와 마음이 안 맞아 집을 나왔지만 갈 곳이 없어 여기

왔다.)고 하면서 책가방을 옆에 끼고 있었다 한다. 우리는 청소년 자신들도 크게 반성할 것을 촉구하지만, 가정의 갈등이 자녀의 가출로까지 이어지게 한 부모의 책임 역시 크다고 본다. 최근 외국에서 자녀의 탈선에 대한 책임을 물어 부모를 처벌하고 있다는 것을 감안할 때, 부모들이 화목한 가정을 이루어 사랑으로 자녀들의 지도에 좀더 적극적으로 나서야 할 때가 아닌가 한다.

아내에게 바치는 글
그리고 삼남매(三男妹)

◆ ◆ ◆

엄동설한 눈보라치고 서리 내려 쌓였어도
한 송이 꽃 그 속에서 핀다.

나뭇가지 얼고 또 꽁꽁 얼어
외로움이 반질반질 해졌어도
한 송이 꽃 그 속에서 솟는다.

어이하랴 어찌 하랴 마음속 버릴 수 없는
고난의 아픈 세월들

만나는 그날 아득히 멀고 또 먼데
그리움에 한 송이 꽃 그 속에서 핀다.

말없이 간직해 온 깊은 사랑 밝은 미소
뜨겁게 안겨주는 한 송이 꽃 우리 여보!

 우리 부부가 결혼할 때만 해도 흔히 아들 둘, 딸 하나를 두는 게 이상적인 자녀 숫자라고 했다. 그러나 세상 모든 가정에서 다 그렇게만 둔다면 결국 딸이 모자랄 게 아닌가하여 우리 부부는 일찌감치 보다 희생적으로 딸 둘에 아들 하나를 두었다.

　당시에는 앞으로 10년만 있으면 여자가 턱도 없이 모자라 웬만한 남자는 장가갈 엄두도 못 낸다는데 물론 우리 애들은 해당이 없지만 우리 집에서는 보다 일찍 사회의 여성희귀추세를 예측하고 다소나마 기여한 셈이다. 아무튼 나는 2녀 1남의 아버지가 된 것이 가령 2남 1녀를 둔 것보다 훨씬 현대적인 가정인 듯싶어 늘 기분이 좋다.

　벌써 50대가 된 큰딸 향진(香眞)이는 어려서부터 아주 머리가 영리했다. 그래 그런지 대전에서 여고(女高)를 수석으로 졸업하더니 서울대 고고미술사학과에 합격해 학부도 우수한 성적으로 졸업하고 이내 서울대 대학원까지 마치고는 나름대로 학문을 계속하고 싶다더니 일본 문부성국비지원 장학생선발 시험에 합격해 일본 동경대 대학원으로 유학을 갔다. 그 아이는 중국 회화사(繪畵史)를 전공하고 있는데 아마 한국과 중국, 일본 등 3국의 회화(繪畵) 전반에 관한 비교와 연구를 할 수 있지 않을까 기대된다. 다만 여자가 너무 많이 배우게 되면 배우자를 얻을 때 오히려 감점이 된다는데 부모 된 입장에서 그 점이 은근히 걱정되었다.

역시 50대가 된 장남이자 둘째인 장원(章元)은 부모 곁에서 공부하라는 당부도 없었는데 고맙게 충남대 무역학과에 진학, 나름대로 열심히 하더니 앞으로 국가경제분야 무역계에 진출하기 위해서는 무엇보다 외국어, 특히 영어실력이 절실히 요구된다면서 해외유학을 갈망했다. 장원(章元)은 대학 4학년 때 휴학을 하고 미국 씨에틀에 있는 워싱톤주립대학에서 어학연수에 몰두했다. 걱정인 것은 요즈음 일부 해외유학생들이 유학인지 방탕생활인지 구분이 안 가게 탈선하는 경향이 심하다는 언론보도가 많아 나로서는 걱정이었으나, 그런 거금을 보내줄 돈도 없지만 본인도 나름대로 성실하고자 노력하고 있으니 천만 다행이다.

막내딸 재현(才賢)이는 솜씨가 남달라서 본인의 희망으로 한양대 의상학과를 졸업했다. 이어 언니가 유학 중인 일본에 가서 세계적으로 유명한 문화 복장학원에 2년간 유학을 하고 어학연수와 의상 디자인을 연구하고 귀국했다. 막내는 외국보다는 역시 제나라 한국이 마음에 든다며 일본에서 취업을 마다하고 귀국해 국내 SS패션에 취직하고 의상 디자인 연구와 전문적으로 브랜드를 제조해 왔다.

| 복여운(福如雲)

 이렇게 3남매를 둔 우리 집엔 대체로 학자, 무역인, 그리고 의상디자이너를 양성하고 있는 셈인데 세 녀석 모두 개성이 있고 그런대로 장래성도 있어 보여 부모로서 큰 보람으로 가슴이 뿌듯하다.

 이 아이들을 이만큼 길러내는 데는 나보다는 물론 어려운 가정살림에 쪼들리며 지혜롭게 가정을 이끌어온 사랑하는 아내의 정성과 공이 훨씬 컸음을 솔직히 밝혀 두면서 앞으로 이 아이들이 시련에 꺾이지 않고 비굴하지도 않고 그러면서도 겸허하고 또 높은 이상을 실현할 수 있는 용기와 의지가 있기를 빌었다.

　그 뒤 사랑하는 3남매 모두 결혼적령기에 각자 배필(配匹)을 만나 행복하게 살고 있다. 큰딸 향진(香眞)은 생명공학박사인 박세진(朴世鎭)과 결혼, 외 손자 시후(是厚), 아들 장원(章元)은 김희진(金希眞)과 결혼, 친손자 상현(相炫), 막내딸 재현(才賢)은 박철희(朴哲熙)와 결혼, 외손자 이정(怡政)과 준상(俊相)를 낳아 행복하게 살고 있다. 손녀가 하나도 없는 가정 분위기에 아쉬움을 느낄 때가 한두 번이 아니다. 사랑하는 손자들은 건강하게 성장해 지금 청운지지(靑雲之志)의 큰 꿈을 갖고 미국과 중국대학에서 학문을 연구하고 있어 장래가 기대되고 있다.

　고슴도치도 제 새끼는 함함(顧頷)하다고 한다든가. 그러나 자과부지(自過不知)요 자신의 허물을 알지 못함도 되고 자과부지(子過不知)라 자식의 허물은 알지 못함도 되는 무례(無禮)함이 있어 이쯤에서 줄이

고자 한다.

　오랜 세월이 흘러 팔순(八旬) 나이에 이르니 사랑하는 아내와 삼남매(三男妹), 그리고 손자들은 건강하고 행복하게 살아가고 있다.

　이들 사랑하는 손자와 외손자는 지금 미국과 중국 등지에서 청운지지(靑雲之志)의 큰 꿈을 안고 전공분야에서 열심히 학업을 이어가고 있다.
　이처럼 자랑스러운 손자(孫子)와 외손자(外孫子)들을 둔 나는 손자들이 열심히 노력해 훌륭한 동량(棟樑)이 되어 국가와 민족을 위해 크게 헌신하는 훌륭한 사람이 되기를 간절히 빌면서 8순(八旬) 나이에 접어든 사랑하는 아내와 함께 여생 건강한 모습으로 살아가게 되기를 바라는 마음이다.

양반고장의 기질
고향공동체를 꿈꾼다

◆◆◆

〈고향〉하면 떠오르는 노래가 하나 있다. 한명희 작사 장일남 작곡의 가곡 〈비목〉이다. 요즘은 매스컴에서 우리 가곡을 들을 기회가 많지 않아서인지, 국경일이나 특별한 날에 가곡을 접하게 되면 유난히 진하고 만감(萬感)이 교차하고 폐부 깊숙이 파고 들곤 한다. TV를 장식하는 신나는 아이돌 그룹과 방탄소년단의 노래에서는 찾아보기 힘든 한국적 정서와 고단했던 역사가 배어있기 때문이리라.

〈비목〉은 전쟁의 포화 속에 스러져간 이름 없는 병사의 허물어져가는 묘비를 노래하며 한국전쟁의 참상을 애절하게 담고 있다. 먼 고향에 대한 그리움 마디마디, 그리고 그 옛날 추억 속의 서러움, 알알이 이끼가 되고 돌이 되었다는 노랫말을 들으며, 피 흘리며 죽어가던 젊은 병사와 그의 눈앞에 환영처럼 스쳐갔을 고향 풍경을 상상하면서 순간 가슴이 울컥하지 않는 이는 드물 것이다.

고향! 우리 한국인에게 고향이란 그렇게 〈차마 꿈엔들 잊힐리야〉 애절한 존재가 아닐까.

그러나 고향은 이렇게 서정적인 감성을 자극하는 대상으로 끝나지는 않는다. 때로는 고향이 엉뚱하게 부각되고 지역감정의 원인이 되어 나

라를 분열시키기도 하고, 혹은 반대로 고향에 얽매이는 것은 온라인 네트워크와 교통수단이 발달한 요즘 같은 시대에 뒤떨어진 구태(舊態)한 발상이라는 양 극단(極端)이 존재한다. 모든 사람들 저마다의 고향도 그 중간 어디쯤에 위치해 있을 것이다.

얼마 전 지인들과 대전의 주민 구성에 대한 이야기를 나누면서 대전에서 독특하게 나타나는 고향의 특성이 무엇일까 생각해보게 되었다. 대개 사람들이 말하기를, 대전은 말 그대로 한밭인데 밭전(田)자로 충청도 토박이와 전라도, 경상도 이북5도 등 타 지역의 이방인이 각각 차지하고 있다고들 한다. 그런 탓에 입이 넷이라 지역이 총화를 이루지 못하고 타 지역 출신은 대전에 뿌리를 내렸어도 적극적인 애향심을 표현하지 못한다는 볼멘소리가 들리곤 한다. 또 지역사회가 출신지역별로 제각각 분열되어 한 목소리를 내지 못하여 궁극적으로는 지역발전을 저해한다는 걱정도 들린다. 대전은 진정 대전시민의 고향 잣대 어디쯤에 위치해 있을까?

그런데 사람들이 그리워하고 잊지 못하는 고향은 단순히 어떤 물리적인 땅이나 지명이 아니라 그 땅에서 어우러져 살며 만들어낸 사람들의 히스토리이고 추억이라는 점이다. 우리가 기억하는 고향은 어릴 적 개구쟁이 친구들과 어깨동무하고 뛰놀던 놀이터이고, 부모님 몰래 군것질하던 학교 앞 구멍가게이며, 자식들 뒷바라지에 힘겨운 줄 모르시던 어머님의 손때 묻은 집안이자, 결혼하고 자식 낳고 만원버스에 시달리며 출퇴근하면서도 신바람나게 일했던 직장이다. 바로 이런 것들이 고향의 실체인 것이다. 그렇다면 대전에서 이런 히스토리와 추억을 쌓은 사람이라면 조상 묘를 어디에 모셨든지 본관이 어디든지 상관없이 대전을 고향이라 부를 수 있지 않을까!

대전은 사통팔달(四通八達)로 독특한 지역성을 기반으로 성장한 도시다. 사방에서 여러 사람들이 모여들고 또 팔방으로 뻗어나갈 수 있는 지리적 특성 덕분에 당연히 여러 지역의 다양하고 새로운 문화와 지식이 자연스럽게 도입되고 융화되어 대전만의 독특한 개성으로 다시 태어나 다른 지역으로 퍼져나갈 수 있는 힘을 지녔다. 따라서 대전은 지리적으로 개방과 포용의 미덕을 바탕으로 역동적인 힘을 발휘할 수 있는 저력을 지닌 열린 도시라고 할 수 있다. 대전에서 나고 자란 토박이뿐만 아니라 타지에서 대전으로 옮겨온 사람들도 굳건히 뿌리내릴 수 있는 21세기 고향적 사회의 원형 같은 도시인 셈이다.

그러나 대전을 진정한 고향적 사회, 열린 도시로 만드는 것은 우리 대전 시민 각자에게 달렸다. 대전의 모든 어린이가 건강하게 자라고 양질의 교육을 받을 수 있도록, 사회에 첫발을 디딘 젊은이가 건전한 희망과 담대한 포부를 펼칠 수 있도록, 성실한 가장의 수고가 정당하게 평가되고 인정받을 수 있도록, 연장자들의 경험과 지혜를 살려나갈 수 있도록, 시민과 행정기관과 각 사회단체, 지도층 모두가 마음을 합하고 노력하는 과정에서 고향이 만들어지는 것이 아닐까.

나는 대전의 밭전(田)자를 좋아한다. 각 지역출신의 분열을 뜻하는 밭이 아니라, 신뢰할 만한 든든하고 커다란 울타리의 보호 속에 각각의 영역에서 각자의 독특한 개성을 발휘하여 균형과 조화를 이룬 열린사회를 상징하는 잘 정돈된 밭을 좋아한다.

李重煥(1690~1752)선생의 택리지(擇里志)에서 산불고수려 수불심청징(山不高秀麗 水不深淸澄)이라 〈산은 비록 높지 않으나 아름답고 물은 깊지 않으나 맑다〉하여 경향 각지의 사대부들이 몰려와 사는 곳이라 하였으며 대전 갑천(甲川)일대는 사대부가 터를 골라 살기 좋은 명당이라고 한 것은 바로 이런 대전의 개방적 특성을 꿰뚫어봤기 때문이리라.

나는 비록 대전에서 태어나지 않았으나, 고향 부여에서 이주해 와 지난 50여년을 대전에서 자식 키우고 지역문화발전과 문화예술진흥을 위해 온갖 열정을 다해 봉사해오며 살아온 사람으로 대전토박이라고 자부한다. 나는 오늘도 여전히 〈내 마음의 빨간 꽃신〉을 신고 대전의 고향공동체를 꿈꾼다.

여성의 매력

◆◆◆

요즘 계절마다 다양한 디자인의 의상에 영향도 받았겠으나 여성이 유별나게 아름다워 보인다. 여성의 아름다움은 팔등신에만 있는 것은 결코 아닌 듯싶다. 개성이 있으면 여성으로서 매력을 지니고 있는 것이다.

얼굴이 잘 생겼다고 하는 소위 미인도 흔히 여기저기서 볼 수 있는 얼굴들이다. 결국 잘 생겼다는 것은 팔등신에 얼굴이 눈, 코, 입이 꼭 놓여 있어야 할 곳에 있음으로써 미인이라고들 한다. 그러나 이것은 케케묵은 옛날이야기다. 얼굴형이 둥글고 코가 짧고 눈이 위로 째졌다든가 오히려 균형이 잡히지 않은 것에 더 매력을 가질 수도 있다.

매력이 있는 여성이란 우선 자기만이 가질 수 있는 개성을 지니고 있어야 되겠지만 그 개성을 잘 표현할 수 있는 감정이 풍부해야 한다.

소위 미인도에 속하는 여인들을 보면 감정이 단조롭고 특징조차 찾아 볼 수 없을 만큼 무미건조하다. 때로는 성격이 뚜렷하고, 남성들이 좀 귀찮아할 정도로 까다롭고 간섭이 많은 여인이야말로 더 인상적일 수 있다.

현대여성이란 〈스타일〉에 있는 것도 아니고 그렇다고 성격에서만 볼 수 있는 것도 아니다. 예를 들면 시골여인이 도회지 생활에 익숙해 질 무렵, 그 여인의 아름다움은 말할 수 없을 만큼 뽐내게 발휘된다. 검고 지친 얼굴빛 색깔이 차차 도회지 빛깔로 바뀌며 윤기가 돌고, 몸가짐도 때가 빠짐에 따라 〈스타일〉이 그야말로 자연스럽고 의상도 유행적이 아닌 담담한 차림을 가지고 있는 까닭에 더 친밀감을 가질 수 있다.

너무나 도회지 냄새가 나는 여인의 모습에서 이런 기분을 찾아볼 수 없다. 회화나 음악처럼 좀 더 소재를 과장시키지 말고 그 생김을 깨끗이 정리하는데 현대의 아름다움이 있는 것처럼, 여성이란 이름의 소재를 잘 다듬고 가꾸었을 때 인상적인 아름다운 스타일을 가질 수 있다. 화장을 짙게 하고 개성을 만들어 〈스타일〉을 꾸밀 수는 있으나, 결국 어느 장소에서 만들어진 개성미는 이중적 개성이 나타나기 마련이다.

화려한 외모보다 비록 소박하지만 독특한 개성과 풍부한 감정을 지닌 여성이면 바로 최고의 아름다운 매력을 지닌 여성으로 주위의 시선을 집중케 할 것이다

입신양명(立身揚名)

◆ ◆ ◆

　조선조(朝鮮朝)의 어린이용 교과서 소학(小學)을 보면 자손된 자 모름지기 입신양명(立身揚名)하여 부모님에게 큰 기쁨을 안겨드리는 것이 최상의 효도라고 적혀 있다.

　예로부터 사람에게 있어 입신양명(立身揚名)에 대한 집념은 누구나 지니고 있는 보편적인 욕망이기 때문에 굳이 소학(小學)을 예로 들지 않는다 하더라도 과거 역사를 살아간 수많은 사람들이 이 황홀한 꿈을 좇기 위하여 얼마나 피나는 노력을 다했었던가? 요즈음 유행되는 〈출세다〉〈감투를 쓴다〉라는 말로 표현되는 이 끝없는 인간의 욕망 때문에 인류의 역사는 발전해 왔음도 확실한 사실이다. 하지만 한편으로는 자기의 처지에 걸맞지 않는 과분한 욕망 즉 과분한 감투를 씀으로써 패가망신(敗家亡身)하는 비참한 경우도 우리는 수없이 보아왔다.

이 감투에 대한 욕망은 인류가 이 지구상에 살아가는 한 결코 사라지지 않을 것이다. 이 끝없는 욕망으로 인간은 스스로 크게 현달(顯達)하기도 하며 한편으로는 멸망(滅亡)으로 몰리기도 할 것이다.

이 감투라는 용어는 옛날 벼슬아치들이 쓰던 모자에서 연유되어 벼슬자리의 대유법(代喩法)으로 사용되어온 것이 분명하다. 가령 학식과 덕망이 고루 갖추어진 어느 선비가 그 신분에 걸맞은 감투를 썼다고 가정할 때 그에게서 풍기는 내외 인품과 능숙한 판단력과 행정력이 조화를 이루어 많은 사람들로부터 존경을 한 몸에 받을 것임은 자명한 이치가 아니겠는가?

그런데 만약 그와 반대로 자기의 신분과 처지에 걸맞지 않은 큰 감투를 썼을 때 그의 정수리에 딱 맞아야 할 감투가 밑으로 축 처져서 귀와 눈을 가리고 코끝에 걸릴 수밖에 없으니 얼마나 그 모습이 볼썽 사나운 꼴불견으로 보이겠는가? 그런데 그 꼴불견의 모습이 그 자신으로 그치면 간단할 텐데 그렇지 않다는데 문제가 있는 것이다. 즉 이미 눈과 귀가 가려져 그 기능이 마비되었으니 상대적으로 코와 입의 기능이 배가 될 것이기 때문이다. 이미 눈은 가려져 있으니 백성의 어려운 사정을 보지 못할 것이며, 귀가 가려져 있으니 또한 백성의 원성마저 들을 수 없는 대신 냄새를 맡는 코의 기능과 맛을 감별하는 입의 기능이 크게 발달할 것이니 이쯤 되면 사회적인 문제는 심각해질 수밖에 더 있겠는가?

우리가 역사상 청백리(淸白吏)라고 일컬으며 존경하는 관리는 바로 이러한 정신으로 정사(政事)에 참여한 사람인 것이다. 우리나라의 모든 관리가 이러한 청백리(淸白吏) 정신으로 사회를 정의롭게 이끌어

나갈 때 사회의 번영은 물론 그 집안의 성가(聲價) 또한 상대적으로 높아지게 마련인 것이다. 입신양명(立身揚名)이란 바로 이러한 정신을 바탕으로 해서 이루어진 것이니 이 같은 고고한 선비정신의 소유자에게만 영광이 있음을 말하는 것이지, 결코 탐관오리(貪官汚吏)까지도 훌륭한 가정의 반열(班列)에 끼워주자는 것은 아니다.

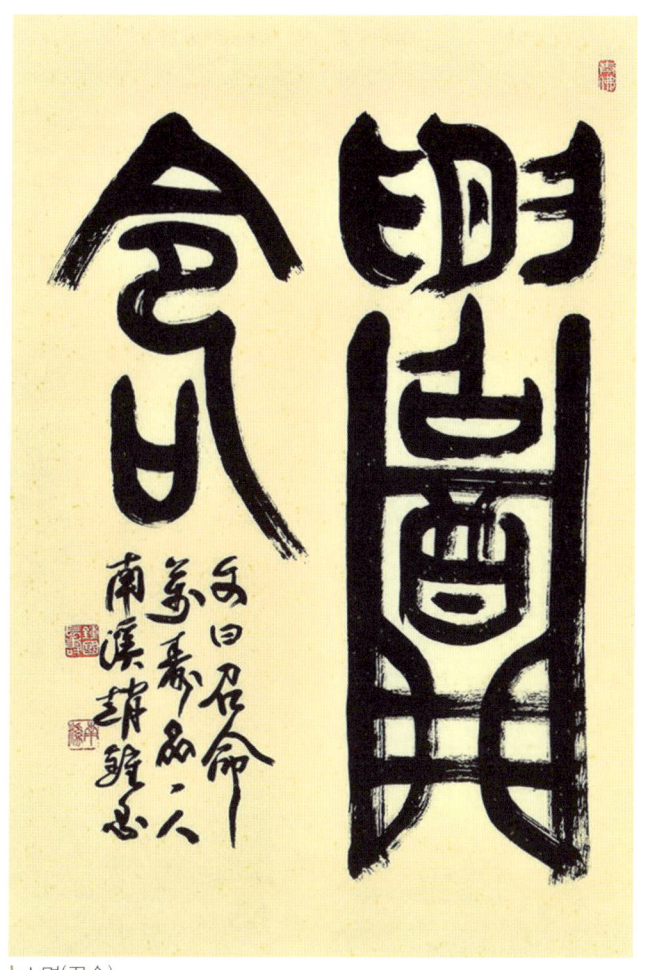

| 소명(召命)

참다운 보시(布施)

◆◆◆

옛글에도
시은물구보 여인물추해
施恩勿求報, 與人勿追悔
라는 구절이 있다.

　남에게 은혜를 베풀었어도 그 보답을 구하지 말고, 남에게 뭔가 한 잔 얻어 마셨어도 그리 미안하지 않고, 그와 반대로 술 한 잔 톡톡히 대접을 했어도 그 맘이 그리 짠한 것이 없는 사이, 이런 사이가 진정한 친구의 사이다. 친구란 반드시 주고받는 사이가 아니라 그리 형편이 닿

 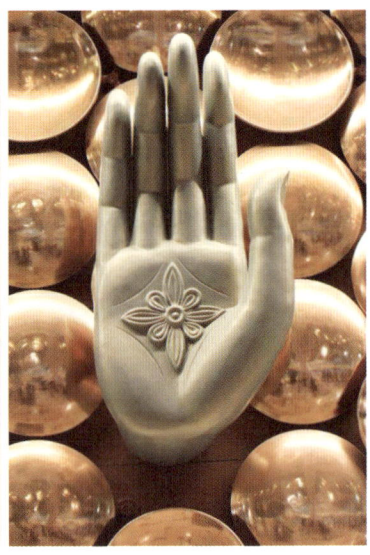

는 대로, 기분이 내키는 대로, 들쑥날쑥하게 주고받는 그런 비 산술적인 사이가 친구이기 때문이다.

그런데 친구 사이는 물론 학교 선후배 사이나 직장동료 사이라고 하더라도 아무 생색을 내지 않고 남몰래 은혜를 베풀거나 정의(情誼)를 표하는 법은 아주 드물다.

어쩌다 상대방에게서 보답(報答)이나 인사가 늦어지면 〈그놈이 그때 누구 때문에 그만큼 됐는데 아직 아무 소식이 없나?〉하고 오해하거나 매도하기가 일쑤다.

어떤 반대급부나 대가를 바라면서 베푸는 은혜는 엄밀한 의미에서 은혜가 아니라 去來에 불과하다.

우리는 자연스럽게 인간적인 정분(情分)에서 은혜를 주고받을 때는 서로 신뢰가 가고 고맙지만, 이해관계에 따라 거제(去來)를 하고 나면 꼭 상행위(商行爲)를 하고난 뒤처럼 개운치 못한 게 사실이다.

불경(佛經)에도
응무소주이생기심(應無所住而生其心)이란 대목이 있다.
아무 집착함이 없이 그 마음을 내라는 뜻이다.

누구에게 뭔가를 베풀고저 할 때는 머무르는 바가 없고 걸림이 없이 그 마음을 내어 상대방을 도와주자는 가르침이다.

따라서 보시(布施) 중에서도 가장 훌륭한 보시가 무주상보시(無住相

布施)라고 하여 머무는 바가 없이 베푸는 것이라고 하지 않았던가. 그러나 우리들 인선인(人善人)은 어떤 마음을 낼 때 과연 얼마나 망설이고 떠벌리고 자랑하고 난 다음에 그 뒤에까지도 내게 뭔가 보상이 없을까를 고대하기도 하니 딱한 노릇이 아닐 수 없다.

그러니 왼손이 하는 일을 모르기는커녕 바른손이 왼손을 따라다니면서 어떻게 하는가를 확인도 하고 심지어는 못하도록 막기도 하는 사례가 허다하다. 그런 의미에서 평생(平生)을 시장에서 좌판행상을 하여 번 돈을 고아원이나 양로원 혹은 육영사업에 희사하는 여인이나, 가난하고 병든 이를 도와주었어도 뒤에 후회하지 말라는 뜻이다.

또 우리 속담에 〈왼손이 하는 일을 바른손이 모르게 하라〉는 표현도 있다. 모두가 뭔가를 베풀되 굳이 알게 베풀 것이 아니고,

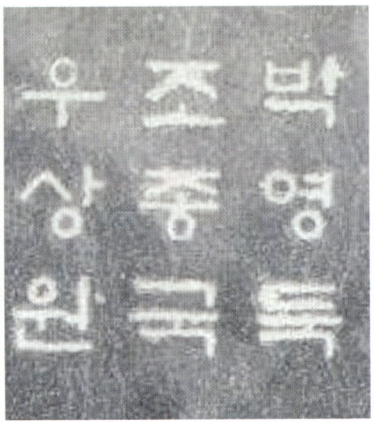

또 설사 어쩌다 상대방이 안다손 치더라도 그 반대급부(反對給付)를 기대하거나 바라지 말라는 경구(驚句)들이라 하겠다.

세상에서 가장 행복한 사람은 무언가를 남에게 베풀어줄 수 있는 사람이다. 우리가 부모를 고맙게 생각하는 것은 부모가 우리를 길러주고 가르쳐 주신 은덕을 지녔기 때문이고, 우리가 스승을 존경하는 것도 스승에게 많은 것을 배우고 본받을 수 있기 때문이다.

그러나 베풀어준 사실 자체를 너무 과장하거나 강조하는 부모나 스승이 있다면, 그 분들의 격(格)이 한결 낮아진다는 것도 우리는 너무나 잘 알고 있다. 따라서 〈도대체 내가 너희들에게 아무것도 해준바가 없구나.〉하는 선생님을 만나면, 우리는 더욱 그 은혜가 커 보이고 고마운 것도 사실이다.

불교에서 말하는 보시(布施)의 개념도 이와 대동소이한 것으로 안다. 보시(布施)란 기쁜 마음(歡喜心)에서 아무 거리낌 없이 베푸는 것이지, 거기에 추호도 뭔가를 노리거나 혹은 마음에 그늘이 생긴다면, 올바른 보시(布施)가 아니라고 할 것이다.

따라서 단돈 천원을 보시(布施)해도 어두운 마음에서 마지못해 했다면 그것은 진정한 보시(布施)가 아니다. 가령 거금의 보시(布施)를 했다 해도 기꺼운 마음으로 아무 그늘 없이 희사(喜捨)했다면, 그것이 곧 참다운 보시(布施)라 할 것이다. 그런데도 우리 주변에는 남에게 다소의 편의나 은혜를 베풀고 나면 꼭 그 대가(對價)를 기대하는 사례가 너무나 많지 않은가!

가령, 친구 사이에도 술을 한 잔 사고 나면 은근히 저 친구는 언제쯤 술빚을 갚을까하고 기다린다면 진정한 친구가 아니다. 어려운 이웃에게 무기명으로 위문금을 보내주는 시혜의 손길은 우리가 가장 존경하고 고마워해야 할 사회의 귀감(龜鑑)인 것이다.

내가 힘들고 어려웠을 때 진정으로 나를 도와준 李사장의 고마운 뜻을 깊이 새기면서 나도 불우한 이웃을 돕는 일일일선(一日一善)의 삶을 마음속에 늘 새기면서 살아오고 있다. 1996년 준공을 본 서울 봉은사미륵대불(奉恩寺彌勒大佛) 건립 때 합장시주(合掌施主)했던 작은 정성이 지금도 미륵대불(彌勒大佛) 옆 담벽(壁)에 내 이름이 새겨져 있어 항상 부끄러운 마음이다.

아주 조그마한 선행(善行)이라도 좋으니 우리는 누구나 하루에 한 가지 일이라도 남모르게 좋은 일을 할 수 있는 지혜와 덕행(德行)을 실천에 옮겼으면 하는 마음 간절하다.

참된 삶의 기쁨!

◆ ◆ ◆

나는 오늘도 분주한 생활 속에 참된 삶의 기쁨으로 온 몸 마디마디 흰 땀 섞어 찰지고 야무지게 속살 비벼 하얀 미소 지으며 시간과 공간을 소중하게 보낸다. 크게 내세울 만한 재주나 역량도 없는 사람이 여러 가지 일을 맡다보니 솔직히 바쁘고 힘들 때가 많았다.

나는 솔직히 글씨를 쓰는 일을 주업으로 하는 사람이다. 이 한 길로만 정진해도 좋은 서예가(書藝家)가 될는지 큰 걱정을 하고 살았는데 벌써 50여년 가까이 크든 작든 많은 일을 맡아오고 있으니!

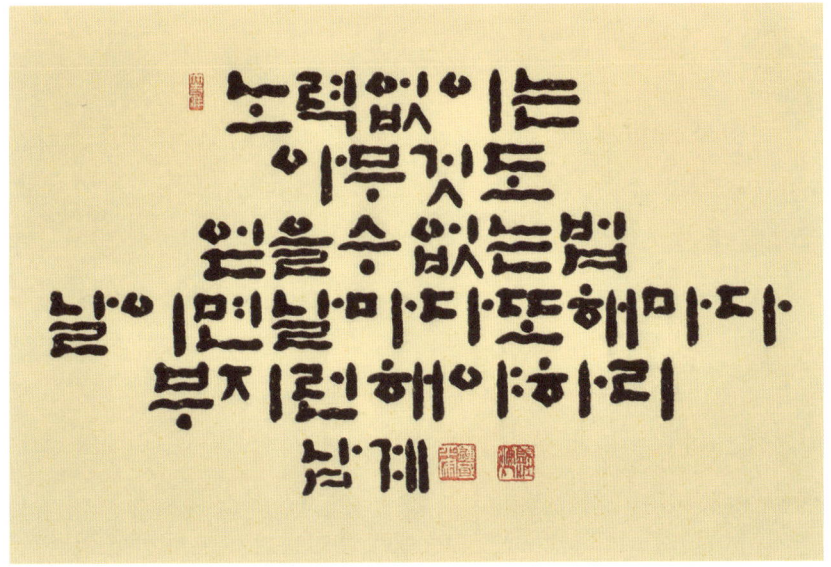

게다가 나름대로 우리고장 예술인의 권익과 문예 진흥을 위하여 앞장서온 오랜 기간 동안 예술단체와 일반사회단체의 일들에 부덕하고 부족할지 모르나 막중한 책임이 아닐 수 없었다. 어디 그 뿐인가? 특히 대전시 의정에 참여하여 감투(?)까지 얻게 되어 분주하게 뛰어온 7년간의 의정활동, 한·중 국교정상화 이후 1995년부터 문화적, 정서적 많은 어려움을 무릅쓰고 지난 25년 동안 한해도 쉬지 않고 한·중 양국간 문화교류로 우의를 증진시켜온 일 등, 이럭저럭 일인오역(一人五役)쯤 되고 보니 눈코 틀 새 없이 지내온 게 나의 하루 하루다.

이처럼 눈코 틀 새 없이 열정을 가지고 활동하는 한 예술인이나 서예가의 입장으로 대해 주거나 도와주려는 생각과 달리 무슨 단체 회장이니까, 그 회장에 맞는 대우를 해주거나 다른 공직의 감투를 쓴 사람으로 대해 줄 때 나는 크게 섭섭하고 안타깝기만 하다. 적어도 다른 사회단체의 대표를 했다면 몰라도 예술단체를 맡아온 나 자신도 서예가요 예술인인 것을, 그 예술인으로 대하지 않고 단체의 회장으로만 대하려는 태도에 대한 섭섭함이요 야속함이다.

솔직히 우리네 예술인의 속성은 대개가 온유하고 나약하기 그지없다. 그가 진정 예술인이라면 작품 창작에는 대단한 용기와 의지를 보일지 몰라도 그 밖에 대인관계에 있어서나 공무를 추진함에 있어서는 다른 분야의 인사와는 판이하게 다른 면이 있어 보인다. 화가나 서예가, 음악가, 문인 할 것 없이 그 나름의 작업에는 독특한 개성(個性)이 있을지 몰라도 이해관계에 얽힌 일이나 어떤 공적인 일을 추진하는데 있어서는 너무 서툴고 부족한 면이 많은 게 사실이다. 그럼에도 불구하고 예술인 중에 감투(?)를 쓴 사람을 온유하고 나약한 그대로 대해주는 것이 아니라 너무 사무적으로만 대해 주려하니 딱하기 한이 없다.

다음으로 또 안타까운 노릇은 공사(公私)의 구분이 문제다. 솔직히 나 자신도 어느 관공서에 업무협조를 구하거나 찾아가면 그것이 분명 공적인 업무인데도 해당 관공서에서는 그 일을 개인일로 대해주는 데는 몸 둘 바를 모르겠다. 이처럼 개인의 일을 도와주고 밀어주는 것처럼 착각하는 데는 유구무언(有口無言)일 지경이다.

그러다보니 재미있는 것은 나 자신의 태도와 심경도 착각을 일으키고 있는 때가 많다는 고백이다. 나도 공무를 수행하다가 벽에 부딪치거나 애로가 있으면 그때그때 방향을 바꾸거나 포기해 버리면 그만일 일을 가지고 마치 예술단체의 일이 안 되는 것도 내 개인의 일이 안 되는 것으로 착각하고 혼자 고민하는 경우가 적지 않다. 누가 일을 추진하지 않고 있느냐고 추궁할 사람도 없는데 공연히 불안하고 나 혼자 일을 사서하고 결국 생으로 고생하며 손해를 보는 수가 허다하다.

아무튼 이렇게 서예가가 예술단체 일을 하다 보니 바쁜 것은 두말할 나위도 없고 그 애로점은 한두 가지가 아니다. 더구나 대인관계에 있어서는 서로가 상대방의 마음을 읽어주지 못하고 일반적인 관행(慣行)만으로 대해주려는 경우를 만나면 내가 왜 이런 고생을 혼자 사서하는 것인지, 나 자신에게 많은 회의(懷疑)나 고통이 따를 때가 한두 번이 아니다.

그러나 나는 다시 한 번 더 생각을 해본다. 이러한 역할은 우리고장 예술인 중에서 누군가가 맡아서 해야 할 일이고, 그렇다면 어느 예술단체 회장이든 일을 적극적으로 추진해 나가려면 과연 그만한 난관과 애로가 없을 수 있겠는가? 다른 공공기관의 공직자들이 연간 계획을 수립하고 미리 짜 놓은 예산규모에 따라 대과(大過) 없이 업무를 추진해

나가면 그 업무의 성과나 방향은 해마다 그리 다르지 않게 추진되고 집행되는 게 관행이다.

　따라서 그런 공공기관의 책임자는 기본운영계획에 의한 업무추진을 확인하고 감독만 하면 대과(大過) 없이 자신의 업무를 수행할 수 있을 것으로 안다. 그러나 예술단체 일은 작은 일에서부터 큰일에 이르기까지 회장 자신이 발로 뛰지 않으면 전혀 추진이 안 되거나 백지상태의 결과로 나타나기 마련이다. 따라서 회장이 누구냐에 따라서 예술단체는 크게 발전할 수가 있고 형편없이 답보하거나 퇴보할 수도 있는 것이다. 지난 50여 년간 이렇게 부담이 큰일을 맡아오고 있다 보니 솔직히 나는 가정은 고사하고 내 개인적인 서예 창작활동에 전념하기가 힘들어 내가 서예학원에서 지도했던 원생들에게 본의 아니게 피해를 줘왔던 것이 항상 마음에 걸린다. 그러나 기왕 맡아온 역할들을 그렇다고 외면하거나 눈 가리고 아웅 하는 식으로 적당히 할 수는 없는 노릇이 아닌가.

　요즘 나는 나 스스로에게 새로운 생활신조를 강요한 바 있다. 그것은 건강이 허락하는 한 나는 남보다 바쁘게 뛸 수밖에 없으니 바쁘게 사는 것을 운명으로 알고 그에 걸맞게 대처하자는 신념이다. 나이가 팔순(八旬)이 가까워 오지만 내가 하는 일들 어느 하나도 등한시(等閑視) 할 수 없는 보람찬 일이라면 열심히, 부지런히, 그리고 바쁘게 뛸 수밖에 없다고 굳게 다짐한다. 그리고 아무리 바빠도 나는 단 하루도 붓을 놓는 날이 없다. 그 바쁜 틈에도 작업실에 들러 붓을 잡고 묵향 속에 젖어 본다.

청소년에게
홍익인간 상(償)을!

◆ ◆ ◆

인간이 살아가는 동안에 〈건전한 정신〉을 지니고 살기란 참으로 쉬운 일이 아니다. 더욱이 청소년 시기는 감정의 지배를 받아 극단으로 치닫기 쉬우며 이지(理智)의 작용은 아직 충분히 발달되어 있지 않아 정신과 생리상에 있어 극렬한 변화와 동요의 상태를 드러내기 때문에 〈건전한 정신〉을 갖기가 더욱 어려운 것이다.

그래서 청소년으로 하여금 내일의 건전한 한 인간으로 성장하게 하기 위해서는 그들 자신에게만 그 책임을 맡겨 두어서는 안 된다. 가정과 학교, 사회와 정부가 공동의 노력을 기울이며 대처방안을 모색해 나아가야 할 것이다.

그런데 오늘, 우리의 현실을 돌아보면 어떠한가? 가정에서는 핵가족중심으로 자연스럽게 효친경로(孝親敬老)의 덕

성을 길러주던 우리 전래의 가정교육이 사라졌고, 학교에서 입시위주의 교육풍토와 제도 속에 건전한 인생관과 근자에 이르러 국정교과서 내용문제 등 국가관을 심어주는 역할이 소홀히 다루어지고 있으며, 사회는 연일 터져 나오고 있는 고위공직자들의 부동산 투기의혹과 심화(深化)된 빈부의 양극화에다 살인사건, 성폭행, 기타 각종 사건사고가 연일 발생하고 있지 않은가!

중국의 철인 정치가 맹자(孟子)는 이런 말을 하였다. 일정한 재산[恒産]이 없어도 건전한 정신[恒心]을 소유하는 것은 선비는 가능한 일이다. 그러나 백성은 일정한 재산이 없게 되면 따라서 건전한 정신도 없게 되고 건전한 정신이 없게 되면 방탕하고 헛된 행위를 하게 된다. 그들에게 재산도 만들어 주지 않고 정신이 없다고 법으로 처벌한다면 그것은 백성을 기만하는 것이다. 현명한 지도자는 백성을 기만하는 일을 하지 않는다.

그것은 맹자(孟子)가 제선왕(劑宣王)에게 하였던 말로써 비단 청소년 문제에 국한시켜 볼 내용은 아닌 듯싶다. 하지만 일의 선후를 분간하는데 있어 시사(示唆)하는 바가 분명 많은 내용으로 청소년 문제와도 전혀 무관하지 않다고 여겨지기에 인용한 것이다.

즉 백성들이 건전한 정신[恒心]을 갖도록 하기 위해서는 지도자가 재산[恒産]을 마련해 주어야 하는 것과 마찬가지로 어른들과 청소년들에게 이러한 정신을 길러주기 위해서는 우리 사회가 건전한 여건과 풍토를 먼저 조성해 나아가야 한다는 것이다.

그러기 위해서는 예(禮)와 덕(德)을 생활화하는 가정교육과 학교의

| 정본청원(正本淸源)

정신교육이 되살아나야 하고 학교교육은 시급히 인격교육위주로 전환되어야 하겠으며, 사회는 물질의 가치보다 정신의 가치를 우위로 생각하는 홍익인간(弘益人間)의 정신교육을 깊이 심어주는 풍토가 조성되어야 할 것이다.

남계 조중국 희수(喜壽)기념 수필집

제2부

♦ ♦ ♦

예혼(藝魂)의
영지(靈地)

교향음악 견인(牽引)한
청소년교향악단

❖ ❖ ❖

1986년 나는 문화 불모지라 불려온 우리 대전의 음악예술 저변확대를 위해 〈대전청소년교향악단〉을 창단했다. 충남대학교 음악과 김을곤 교수와 함께 지역의 음악영재들로 청소년교향악단을 창설해 침체의 늪에서 허덕이고 있는 음악예술 진흥에 온 힘을 쏟기로 뜻을 같이했다. 김교수가 단원들의 연주활동에 따른 프로그램을 편성하고 지휘를 맡아 지도하기로 하고, 나는 청소년교향악단의 책임을 맡아 정기공연 등 공연활동에 따른 제반경비를 지원하는 일을 맡기로 역할을 분담했다. 나는 김 교수와 단단히 손을 맞잡고 지역의 각 대학에서 교향음악을 전공하는 학생들로 〈대전청소년교향악단〉을 창단하고 10년 동안 정성껏 모든 공연활동의 뒷바라지를 맡아 왔다.

대전 청소년교향악단은 해마다 봄·가을로 나누어 정기공연을 가졌다. 나는 여러 경로의 메세나를 이용해 공연비를 마련하는 등 정성껏 그들의 뒷바라지를 했다. 또 문예진흥기금을 지원받을 수 있도록 많은 노력과 정성을 쏟았고 공연 팜프렛에 광고후원 스폰서를 받아주기도 했다. 먼 훗날 음악예술의 주역이 될 학생들을 후원하고 지역의 문화환경과 달리 악단이 정상적으로 운영될 수 있도록 지원한다는 일은 실로 의미 있는 일이었지만 그리 쉬운 일이 아니었다. 그러나 한 번도 물러서겠다는 뜻을 비쳐본 적 없이 꼬박 10년 동안 그들을 보살폈다. 당시 〈청소년교향악단〉이 창설된 것은 전국에서 대전이 제일 먼저였다.

이들 청소년교향악단 출신이 대전시립교향악단을 비롯해 전국 각 교향악단의 단원으로 활동해 오고 있는 것은 불문가지이다. 당시 악단 총무를 맡았던 공영훈 씨(전·구미예술회관장) 등 단원들은 현재 국내 각 대학과 음악예술계에 중진으로 활동하고 있다.

당시 이들의 공연은 주로 대전 시민회관에서 이루어졌으며 1000석이 넘는 공연장은 항상 자리를 꽉 메웠다. 내가 처음 약속한 대로 10년 동안 공연활동을 정성을 쏟아 지원하고 그 자리에서 물러났다.

문화 불모지라 불려온 우리 고장의 불 명예스러운 오명을 씻어 내기 위해 이처럼 각 예술장르의 예술 활동이 아무리 어려워도 마다하지 않고 모든 역할과 정성을 다 쏟아 정착될 때까지 게을리하지 않았다. 한 가지 예로 제7회까지 전국공모전으로 개최하고 정착시킨 다음 대전 사진작가협회에 이관시킨 〈백제사진대전〉과 제58집까지 발간해 오다 예총에 이관시켜 현재까지 발행케 한 〈대전예술〉지가 있어 지금도 마음이 뿌듯하다.

근육과 뼈를 깎는
예술인생 80년 세월!

❖ ❖ ❖

문화(文化)는
문치교화(文治敎化)의 준말이다.
문화운동을 하는 사람은 나이 들지 않는다.
다만 멋있어질 뿐!
장미 빛 뺨, 붉은 입술,
유연한 무릎이 아니라 늠름한 의지,
풍부한 상상력, 불타는 정열,
삶의 깊은 데서 솟아나는 샘물처럼!

　1986년 내 나이 44살 때다. 당시 나는 충남 예총회장과 중앙예총 부회장의 무거운 직책을 맡았을 때다. 예술 활동의 분포를 보면 중앙이나 지방, 대부분이 50대와 60대가 주류를 이루고, 40대 젊은 예술인은 원로예술인에 가려져 늘 설자리가 없었을 때다. 젊은 나이에 예술단체의 책임을 맡아 온 나는 각 기관단체에서 최연소의 나이였다. 어렵고 불편한 자리였지만 많은 원로와 선배들로부터 많은 격려와 지도를 받아왔으며 어려운 일에 봉착할 때마다 그 분들로부터 많은 도움을 받았다.

　전국 최연소 나이의 젊은 패기와 자신감으로 1987년 한국예총 정기총회에서 지방을 대표하는 부회장에 당선되었다. 당시 대의원은 중앙 대의원 200명과 지방 대의원 120명으로 구성되었다. 이러한 예총조직의 구조 때문에 지방에선 중앙예총 회장선거에 출마를 할 엄두도 내지 못하는데다 조직의 특성상 지방예총회장이 중앙예총 회장 자리를 맡아본 적이 한 번도 없었다.

나는 부회장 선거에서 압도적으로 당선돼 지방예총의 시급한 현안문제인 경상운영재원확보 문제를 해결하기 위해 적극 나섰다. 지방예총이 정부의 정액보조단체로 지정받는 일이 급선무라 판단하고 정부 관계부처와 내무부(현·행정차치부)의 문턱을 드나들 듯이 수시로 찾아다녔다. 당시는 내무부에 고위관료를 만나는 것 자체가 쉬운 일은 아니었으나 열정과 패기로 적극 나섰다.

20대의 공직생활과 정당 활동, 30대에 언론활동으로 쌓아온 인맥과 행정력을 모두 동원해 정액보조단체 지정에 총력을 쏟았다. 당시 실무를 맡고 있던 내무부 지방재정국장 김주봉 씨(전·대전시장)와 지방재정과장 김진선 씨(전·강원지사)를 수시로 접견하고 지원의 필요성을 역설했다. 지성이면 감천이라 발이 닳도록 드나들며 국가의 균형발전을 위해 설득하고 사정한 결과, 드디어 지방예총과 지방문화원을 정부 정액보조단체로 지정하는데 성공했다.

전국의 지방예총에 연간 2,700만원의 경상운영비를 보조 받는 법적근거를 만들어 낸 것이다. 사무실 운영비와 직원들의 인건비를 해결하고 목적사업을 추진하고 이를 통해 예총의 자립기반을 확보하게 한 것이다.

맹자 고자장(告子章)에는,
천장강대임어사인야(天將降大任於斯人也)
필선노기심지(必先勞其心志)
고기근골아기체부(苦其筋骨餓其體膚)
궁핍기신행불란기소위(窮乏其身行拂亂其所爲)
시고동심인성증익기소불능(是故動心忍性 增益其所不能)

하늘이 장차 그 사람에게 큰일을 맡기려고 하면
반드시 그 마음과 뜻을 괴롭게 하고
근육과 뼈를 깎는 고통을 주며
몸을 굶주리게 하고
그 생활을 빈곤에 빠트려 하는 일마다 어렵게 한다.
그 까닭은 마음을 흔들어 참을성을 길러
마침내 행하기 어려운 일들을 해낼 수 있게 함이라고 했다.

이 구절은 사람이 자신이 처한 삶을 대하는 마음가짐과 자세를 말해 주는 것 같아 늘 가슴에 새겨 왔다.

예총에서 역할을 톡톡히 해낸 업적들이 단초가 되어 나는 무려 18년 동안 중앙예총 부회장, 이사, 감사로 활동하게 되었고 1986년부터 2007년까지 22년 6개월 동안 인생에 가장 중요한 시기를 예총과 인연을 맺고 현재도 내가 1989년 지방자치제 실시에 앞서 고유성 있는 우리고장의

문예 진흥을 위해 사재를 들여 설립한 문화체육관광부 허가 사단법인 한국예술문화진흥회 이사장의 중책을 맡아 오면서 지역문예 진흥에 온갖 열정을 다 쏟아오고 있다. 오늘도 큰 보람을 느끼게 하는 순간이다.

새로운 100년!
대전문화의 발전방향

◆◆◆

1. 서론

　지금까지 이 고장의 많은 시민들은 대전의 문화예술에 대하여 일반적으로 부정적인 견해를 지니고 있었던 것이 사실이다. 그 이유는 우리 대전이란 도시가 근대 이후 경부·호남선의 개통과 함께 일본인의 거점도시로 건설되고, 조국광복과 6.25전쟁을 거치면서 교통과 군사의 요충지가 되어 각 지방 사람들이 대거 이주해 와서 급속하게 성장한 신흥도시이며, 인구의 비율 또한 충청, 전라, 경상, 이북 등지의 출신들이 균등하게 구성되어 있어 자연 이 고장의 토착인구가 차지하는 비율이 극히 적어 전통적인 문화유산이 부재할뿐더러 현재에도 문화예술 및 주민의 편의시설이 시세가 비슷한 다른 도시와 견주어 외형적으로 열악하기 때문이라는 것이다.

그러기에 오늘날에 이르기까지 대전은 다만 교통의 중심지라는 점 이외에는 생산기반이 전혀 없는 소비성도시, 문화적 전통을 찾아볼 수 없는 신흥도시라는 자조적인 이미지만을 지녀왔던 것이다.

이와 같은 견해는 비단 일반 시민들만 가지고 있는 것이 아니라 심지어는 사회의 지도층이나 기관을 대표하는 인사들도 이와 비슷한 견해를 피력하는 경우를 종종 보게 된다. 하지만 이러한 논의는 이 지방의 문화적 유산에 대한 정확한 검증을 통해서 개진될 것이 아니라 막연한 인상에서 추출된 주장일 뿐이라는 사실을 이 방면에 관심을 기울인 사람들은 익히 알고 있는 일이다. 사실 이 고장 역시 타지방 못지않은 문화 예술적 전통이 있다. 다만 그러한 문화예술 유산들이 다른 지역처럼 오늘날까지 보호 유지되고 발전되지 못하였다는데 문제가 있다고 하겠다.

지방자치제가 실시된 지 30년 가까이 된 마당에 지금이라도 우리 고장에 이어져 온 찬란한 문화예술 등의 전통유산을 점검하고 또 우리고장 문화예술의 맥을 이어 새롭게 발전시키기 위해서는 어떤 방안이 필요한 것인지 제시해 보고자 한다.

2. 대전문화 예술의 과거와 현재

대전은 예로부터 산천이 수려하고 풍광이 명미하며 토지가 비옥하여 일찍이 상당한 문화를 이루고 있었음은 이미 이 고장에서 조사 발굴된 유물, 유적을 통해 충분히 짐작할 수 있다.

우리 고장은 대전천, 유등천, 갑천 등의 시내 주위에 기름진 너른 들판이 있고, 그 사이에는 나지막한 구릉(舊陵) 지대가 있어 이미 선사시

대부터 농경생활을 영위하면서 이와 관련된 고도의 문화를 이루고 있었다. 대전에서 사람이 살았으리라 보여지는 증거는 이미 신석기 시대이다. 대전 가까이에 있는 공주 석정리에서 구석기 시대 유물이 발견되었으므로 대전에도 구석기 시대에서부터 사람들이 살았으리란 추정을 가능하게 하기도 한다. 언젠가 유성구청 과기대 정문 옆에서 발견된 빗살무늬토기는 비록 파편만이 발견되었지만, 이곳은 대전지역 최고의 유적으로 손꼽을 수 있는데, 이로 보아 우리 지역에는 이미 석기시대부터 사람이 살기 시작하였음을 알 수 있다.

또한 갑천을 중심으로 하여 유성지역에 생활기반을 두었으리라 보여지는 주민들의 생활유적이 많이 발견되었다. 무문토기, 파편을 비롯하여, 석관묘에서 주로 발견되는 흑노 장경병의 목 부분, 커다란 숫돌, 돌도끼, 석기 반제품 등이 발견되었다. 유물로 보아 구릉(舊陵)에는 청동기 시대의 잠자리와 석관묘 계통의 무덤유적이 있을 것으로 보이며, 이외에도 산등성이에서 백제 토기 조각들이 많이 발견되어 대전이 백제 인들에게 주요한 생활의 터전이었음을 가늠토록 해준다. 그 외에도 대전이 이미 오래전에 사람이 살면서 역사를 일구기 시작했음을 구체적으로 입증해 주고 있는 대표적인 유물, 유적은 괴정동, 탄방동, 도마동, 문화동, 둔산동 등지에서 발견된 각종의 청동기 문화유물이다. 이들 유물은 당시 한밭에 거주하였던 청동기인들의 생활상의 일면을 보여줄 뿐 아니라 이미 선사시대에 이 고장에 청동기 문화의 꽃이 피었음을 보여주는 실증적인 예라고 하겠다. 이러한 선사시대의 문화적 양상은 이후 마한, 백제를 거쳐 고려, 조선조로 면면히 계승되면서 꾸준한 발전을 거듭하여 오늘에 이르고 있는 것이다.

유천동의 산신제, 대동의 장승제, 옥계동의 거리제와 같은 부락제에서 연출되고 있는 가무, 가희로서의 농악이 마한시대에 거행된 가무백희(歌舞百戲)와 그 전통적 맥락을 이루고 있다 할 때, 우리 고장에서도 원시종합예술이 제천의식의 형태로 상당히 오래 전부터 형성 전개되었음을 알 수 있다. 그리고 대전은 삼국시대에 백제 우술군에 해당되는 지역으로 동쪽으로 신라의 고호산군(옥천군)과 접하여 있었다. 그리하여 신라와의 분쟁이 잦은 곳이었는데 더욱이 백제가 웅진(公州)으로 천도한 이후에는 도성(都城)과의 거리가 단축되고 신라의 공격로 위에 놓이게 되어 백제의 군사 요충지가 되었다. 그러한 관계로 대전시의 시가지를 둘러싼 산악지역에는 약 25개에 달하는 백제 산성들이 조밀하게 분포되어 있다. 신라와의 경계와 지방행정 거점의 방위를 위하여 쌓여진 법동의 계족산성, 가양동의 질현성, 용운동의 갈현성, 판암동의 삼정동산성, 대사동의 보문산성, 덕진동 방현동의 적오산성, 연축동의 우술성, 구성동의 노사지 산성, 월평동의 우성산성, 사정동의 산성, 안산동의 산성 등은 백제시대의 발달된 축성술을 보여주는 사료일 뿐 아니라 당시 한밭의 문화실상을 짐작케 해주는 귀중한 문화유적이기도 하다. 또한 식장산에 위치한 고산사, 무수동의 보문사지, 성북동의 봉소사 석조보살입상 등은 조선조 이전 이 고장의 불교문화의 실태를 가늠케 해주는 불교유적들이다. 백제와 신라의 접경 지역이었을 때는 백제의 방위 요충지로서 중요한 역할을 하였으며 그만큼 문화적인 흔적도 많이 남겨 놓고 있으나 통일신라, 고려시대의 문화유산은 미미한 편이다. 그중에서 성북동·계산동에서 발견된 고려청자 요지는 전국에 걸쳐 매우 희소한 것으로 귀중한 문화적 가치를 지니고 있으며, 진잠향교 뒷편에서 발견된 석탑 또한 이 당시의 대전의 문화적 유산으로 가치를 지니고 있다.

우리 대전이 조선조에 이르러서는 많은 문장 대가를 배출한 문향으로서, 문화예술의 발달도 상당수준에 이르렀음은 주지의 사실이다. 넓은 분지 외곽의 경관이 수려한 산기슭에는 선현, 유학자, 관리 등 상류계층에 속하는 사람들이 기거했던 가옥, 별당, 누각, 강학소, 사당 등 목조건물이 적지 않게 자리 잡고 있다. 특히 임병양란을 전후해서는 이 고장에 많은 서원과 별업(別業)이 건립되었고, 거기에서 문인들이 속출하여 문향의 전성기를 구가하기에 이르렀다. 당시의 대표적인 문인 학자로는 사암 박순(朴淳), 송애 김경여(金慶餘), 죽창 이시직(李時稷), 설봉 강백년(姜柏年), 탄옹 권시(權諰), 동춘 송준길(宋俊吉), 우암 송시열(宋時烈) 등을 들 수 있다. 이러한 한밭의 문향으로서의 전통은 꾸준히 이어져 오숙재 송익흠(宋益欽), 한정당 송문흠(宋文欽), 성담 송환기(宋煥箕), 유회당 권이진(權以鎭), 연재 송병선(宋秉璿) 등이 배출된 바 있다.

한밭의 이러한 문향으로서의 전통적 면모를 보여주는 유적은 도산서원, 숭현서원을 비롯하여 상청당, 남간정사, 동춘당, 유회당 등 현존하는 각종 사(舍), 누(樓), 정(亭), 당(堂), 정각(旌閣) 등이다.
이와 같이 이 고장은 선사시대 이래도 꾸준하게 문화예술을 계승 발전시켜 왔으며, 현전하는 다양한 유물 유적이 이러한 사실을 실증적으로 대변해 주고 있는 것이다.
이 고장 한밭이 상당한 문화 예술의 전통을 지니고 있었음에도 불구하고 오늘에 이르러 문화의 불모지라 불려오고 낙후된 지역이니 하는 오명을 듣게 된 이유는 어디에 있는 것일까?
그 오명을 벗기 위해서는 어떻게 해야 할까?

문화 예술은 창작의 주체와 그 창조물을 관리·운영·소통하는 사회적 교섭단체 문화예술을 향유하는 수용주체로 나누어 볼 수 있다. 작금에 이르러 이 지방에서 활동하고 있는 대전 예총 산하 10개 회원단체의 각종 예술인의 수가 5,000명을 헤아리고 있는데 이들은 이 고장의 향토예술과 전통문화를 전승하여 발전적으로 계승해 나아가야 한다. 이들 예술인들이 늘 염두에 두어야 할 바는 대전의 문화가 중앙문화를 따르고 모방하는 것이 아닌 우리 지역의 독창적인 문화를 창조하려는 노력과 자부심을 가져야 한다. 그러기 위해서는 또한 이제까지 살펴본 우리 대전의 문화적 맥락에 대한 이해와 발전적 성찰이 뒤따라야 한다는 것이다.

문화예술진흥에서 가장 중요한 것은 감동을 줄 수 있는 문화예술 작품을 창조해 내는 것이다. 예술인들의 혼과 진지함이 깃든 작품이라야 일반인들에게 감동을 주어 향수자의 정신까지 고양시킬 수 있으며 그로 인해 지역 문화계의 발전이나 예술진흥이 진작될 수 있는 것이다. 영혼을 울리는 진실한 예술은 문화의 향상과 시민의 문화적 기능을 띠

어 넘어 한 사회의 시민의식과 그들의 삶을 한 단계 높은 차원으로 끌어올리는 내재적인 힘을 지니고 있는 것이다. 예술은 발전된 사회의 내실을 보다 알차게 장식하는 풍요로운 정신세계를 간직한 대상이다. 그러기에 예술은 사회발전에 영향을 끼치고 그에 소속된 구성원의 삶의 질을 세련되게 하는 것이다.

예술인은 또한 이러한 예술의 사회적 기능에 대해서 늘 생각해 보아야 할 것이다. 더구나 그것이 중앙문화에 비하여 상대적으로 낙후되어 있고 중앙 집중 문화지향적인 경우에 있어서는 지역 예술인에게 부과되는 짐은 한 가지가 더 있다고 할 것이다. 곧 지역의 독창적인 문화를 창조하여 계승할 방도는 무엇인가 하는 주체적인 반성과 성찰이 요구된다는 것이다. 또한 이들이 개성적이면서도 감동적인 창작활동을 할 수 있기 위해서는 이들의 생존과 예술행위에 대한 지원, 예술을 향유할 수 있는 공간의 확보, 문화예술을 향유할 여건의 조성 등 관계기관과 기업의 지원이 뒤따라야 할 것이다. 더욱이 지역문화를 활성화하기 위한 이러한 제반 여건 조성과 더불어서 과대하게 비대하고 독점적인 중앙문화 위주의 문화정책을 지방자치단체가 앞장서 지역 문화 활성화를 위해 안배하여야 할 것이다.

3. 행정과 기업의 지원

지역문화 예술을 진흥시키기 위해서는 서울을 중심으로 하는 중앙 집권적인 조직보다는 자기 고향을 지키는 예술인들이 모여 자생적인 법인조직을 구성하는 실질적인 지방자치가 문화예술 분야에서도 이루어져야 한다. 현재 우리나라에서는 서울에 한국예총이 있고 각 지역마다 예총연합회와 지회가 있다. 지방자치제의 실시와 함께 각 지역의 예술주체는 그들의 결집체인 예총 지역단체가 되어야 하며 그들을 중심으로 지역문화예술 발전이 이루어져야 한다.

그런데 현재 우리나라에서는 한국예총만이 예술단체법인 설립을 허가할 수 있으며 지방예총은 법인설립을 허가할 없게 되어 있다. 더군다나 한국예총의 운영에서 이사회 구성이나 대의원 구성은 지방의 의결권이 중앙에 비해 절대 부족해 지방예술인의 권익이 옹호되지 못하고 있는 실정이다.

또한 국가와 지방자치단체는 국민의 문화 예술 활동을 권장하고 적극 육성 보호해야 함에도 불구하고 국가 예산 지침서의 지방예술단체 지원보조금이 경상비에 불과 직원 2명 정도의 인건비밖에 되지 않는다. 따라서 지방문화원처럼 입법을 통해서라도 정액 보조금이 증액되어야 하며 지방기업의 문화예술행사에 적극 참여할 수 있도록 세제상의 혜택을 받을 수 있도록 제도가 개선되어야 한다.

1989년 대전시가 직할시로 승격되면서 충남 예총의 조직을 대전·충남 예총으로 개편하고 예총 주최로 제8회 한밭문화제를 개최했다. 당시 직할시에 걸맞는 무화예술행사를 개최해야 되겠다는 굳은 신념으로 회장인 내가 직접 출향기업을 일일이 방문해 기업 메세나 지원으로 문화제를 성대하게 개최한 적이 있다.

당시 한밭운동장 실내체육관에서 개최한 한밭문화제는 1만 5천여 시민이 강당을 꽉 메웠으며 참석한 시민들에게 타올 기념품까지 선사한 적이 있다. 바로 내가 기업 메세나 운동의 창시자라 해도 과언이 아닌가 평가를 받고 싶은 심정이다. 그로부터 6년간 기업 메세나를 통해 개최해 온 한밭 문화제는 지방자치제 실시로 대전시의 예산 지원으로 개

최되어오다 2007년 대전예총회장에서 물러나니 한밭문화제는 폐지되고 말았다.

  당시 한국문예진흥원은 문화예술의 진흥을 위하여 개인이나 법인으로부터 기부금품을 받을 수 있게 되었으나 진흥원이 전국의 문화예술 활동을 지원하기에는 역부족이었다. 따라서 지방 예술단체에서도 기부금품을 받을 수 있도록 또 그 단체의 육성을 위하여 필요경비는 세제상의 혜택이 돌아가도록 제도가 개선되면 지방기업체의 참여와 지원을 유도할 수 있으리라 여겨졌다. 지금은 문예 진흥원이 문화예술위원회로 조직이 변경되고 각 지자체 역시 문화재단이 설립되어 지원업무를 봐온 것이 수년째다. 따라서 이와 더불어 문예진흥기금의 활용에 대해서도 재고해야 하지 않을까 싶다. 현재 문예진흥기금의 모집은 로또 판매수익과 전국의 영화관, 공연장, 사적지 등지에서 관람료의 일정액을 모금하는데 대다수의 금액이 서울지역의 문화예술 활동에 집중 지원되고 있어 지방문화예술의 활성화는 예나 지금이나 다를바 없는 현실이다. 문예기금에 대한 합리적인 배분법을 모색하여야 한다. 그 지방에서 모금된 기금의 경우 그 지방문화 예술 활동에 쓰이게 하는 방법도, 자립도가 부족한 지역에서 활용하게 하는 것도 한 방법이 될 수 있을 터이다.

지방자제가 실시된 지 30여년 가까이 되고 있는 만큼 지방의회가 좀 더 문화예술에 전문성을 가지고 지역문화예술 발전의 모체는 지역문화예술단체임을 인식하고 정책을 입안 하여야 할 것이다. 문화정책은 행정적 관례의 낡은 습관인 서면상의 계획서라든가 양식서류상에서 하나의 결과로 보고되고 처리되는 성질의 것이 아니다. 따라서 문화정책과 계획은 어떤 조직이나 기구의 구성과 설치에 앞서서 그것을 경험적으로 체득하고 실천적으로 연마한 일선 지휘관으로서의 전문가의 양성과 확보가 우선되어야 한다. 시 행정당국이 문화예술에 지원되는 그 효과가 짧은 시간에 나타나지 않기 때문에 대부분 단 시일 내에 효과를 보는 여타의 사업에 밀리고 있는 것이 사실이다. 과시 행정이 아닌 지역에 대한 면밀한 검토와 계획 속에 문화정책은 전개되어야 할 것이다. 실례로 이 고장의 문화예술에 관련된 정확한 자료는 아직도 한 곳에 정리, 비치되어 있지 못하며, 이로 인해 시민들도 그것을 활용할 수 없다. 또한 문화예술에 관계되는 시내 대학의 현황과 같은 예비 문화예술인들의 통계도 비치되어 있지 않으며, 이 지역에 있는 문화 예술인들이 한 곳에 모여 수시로 현안문제를 논의할 만한 문예회관도 건립되어 있지 못하다.

따라서 시 행정당국에서는 이 지역의 상공회의소 등 경제인으로 하여금 문화애호 정신을 갖도록 유도함은 물론 이들을 육성할 수 있는 지원책을 마련하는데 힘써야 할 것이며 동시에 문화 예술사업에 과감하게 예산을 할애해야 할 것이다. 그리고 예산의 효율적인 집행이 중요함을 인식하고 대전에 뿌리를 두고 있는 문화 예술인들의 자문을 받아 그 효과를 보다 높여 시민들에게 실질적으로 혜택이 돌아갈 수 있는 사업을 펼쳐나가는 것도 아울러 염두에 두어야 한다. 아울러 도시계획에 특색 있는 문화의 거리, 즉 예술의 거리, 고전의 거리, 청소년의 거리 등을 설정하는 것도 고려해 볼 필요가 있다 하겠다.

이와 더불어 예술작품과 수용자 사이를 이어주는 중간 전달자 즉 예술행정, 예술경영자들도 양성화되어야 한다. 예술도 생산, 유통, 소비의 과정을 거쳐야 하는데 우리나라는 특히 유통과정이 원활하지 못하다. 유통은 바로 기획, 홍보, 판매 등을 맡는 예술경영자들이 하는 것이다. 물론 문화예술의 전반적인 규모와 자립도가 취약한 지방에서 이러한 단계까지 고려하기에는 여력이 미치지 못할는지 모른다. 그러나 문화는 단기적으로 이루어지는 것이 아닌 보다 장기적인 안목과 노력으로 이루어지는 것이다. 그러기에 차츰차츰 이러한 보다 거시적인 구도 속에서 진행되어 나가야 할 것이다.

개성적인 문화예술은 합리적인 제도 아래에서 더욱 풍성하게 자랄 수 있다. 문화정책의 측면에서 합리적인 제도가 수립되고 입안될 때 문화예술에 대한 기업의 지원을 기대할 수 있으며 유도하게 된다.

기업이 문화에 참여한다는 것은 기업이 문화에 참여하지 않으면 살아남을 수 없는 사회의 분위기와 관계 있다. 국민기업의 축적된 자산은 이미 기업주나 주주의 몫임을 넘어서서 국민 모두의 노력으로 쌓아올린 국가적 공동자산의 의미 또한 지닌다고 할 것이다. 그러기에 기업은 국민의 힘으로 윈 윈 성장해 온 기업이 그 국민을 위해 무엇을 해야 할 것인가를 자문해 보아야 할 것이다. 그리고 국민들은 문화에 참여하는 기업을 그렇지 않은 기업보다 더 신뢰할 때 기업은 자사의 영리를 위해서도 문화에 참여하지 않을 수 없게 될 것이다. 미국 기업의 역사는 이 사실을 잘 증명해 보여 준다. 즉 돈벌이의 어두운 역사를 은폐하기 위해 의도적으로 문화를 지원했으며 요즈음에도 시장 개척을 할 때에도 상품보다 먼저 그 사회의 문화 프로그램을 상륙시키기도 한다.

오늘날은 우리나라 기업도 개개의 상품을 광고하는 것보다 공익성 광고를 게재하기도 하는데 이것은 기업전체의 이미지를 고양시키기 위해서이다. 이것은 기업 이미지쇄신 뿐 아니라 시민의 문화의식에 호소함으로써 제2의 잠재 고객까지 깊이 파고들겠다는 경영전략적인 측면에서도 문화예술과의 접맥을 시도하는 것이다. 이론적으로 기업이 어떤 문화행사를 후원하게 될 때 그 유형은 상품연계형, 상품이미지 연계형, 무연계형이 있다. 하지만 현실적으로 무연계형은 존재하지 않으니 다시 말하면 기업은 이익이 없으면 문화에 참여하지 않는다는 것이다.

그렇다면 제도적으로 문화에 참여하는 기업에게 세제상의 혜택을 준다거나 기업이 자리하고 있는 지방의 문화활동에 순이익금의 몇 퍼센트를 후원해야 한다거나 하는 방법을 생각해 볼 수 있다. 이것은 역으로 문화예술영역에서는 기업과 교환할 수 있는 영역을 개발할 필요가 있다고 하겠다. 예를 들면 문화는 이제 산업이 되어가고 있으며 관광산업의 중심이기도 하다. 경치나 풍광을 둘러보고 가는 관광이 아니라 문화예술과 연계될 때에만 의미 있는 관광이 되어 한국의 문화예술을 세계에 널리 알릴 수 있게 된다. 그러기에 단순히 서구의 문화를 모방하고 좇아가는 그들의 눈에 익숙한 문화가 아닌 우리만이 가지고 있는 우리 고유의 문화를 내 놓아야 한다. 예를 들면 1990년대 암스테르담에서 있었던 반 고흐전은 일백 오십 만장의 입장권을 모두 국외에서 판매했다. 전시기간이 두 달이었기 때문에 고흐 전 입장권은 두 시간씩 시간까지 제한했으며 늦게 온 사람은 입장을 거절하기도 했다. 이런 정도의 규모라면 새로운 문화 수요자를 기반으로 한 문화 사업이 아니겠는가?

30년 전 88서울 올림픽 문화축전 같은 문화적 사대주의를 재연해서는 안 된다. 올림픽 문화예술 축전이라는 것은 최소한 오늘날 우리의 문화 역량을 세계 각국에 알리는 계기가 되어야 한다. 문화를 인간의 삶의 내용으로 파악한다면 우리의 삶의 내용은 온통 외래적인 서양문화와 재래적인 전통문화가 뒤섞여 있다. 예술도 사회문화의 한 부분이므로 대부분의 예술분야는 서양적인 것과 전통적인 것이 있다.

그런데 당시 서울 올림픽 문화축전이 펼쳐진 약 보름동안 국제 무용제에는 살풀이와 승무같은 전통무용이 한 번도 무대에 올려지지 않았었다. 가장 한국적 진수를 보여줄 것은 빠지고 서양인을 데려와 놓고 그들 흉내를 내었으니 얼마나 우스운 꼴인가. 국제 음악제 기간 중에는 국악을 공연하지 않았다. 이러한 발상은 우리의 문화를 잘못 이해한 탓도 있겠고 우리의 전통 문화를 경시하는 태도에서 비롯된 것이다. 이제 이러한 모방주의 수준의 외래문화보다 방탄 소년단처럼 창조 역량이 잘 발휘되는 전통문화와 현대문화를 균형 있게 중히 여겨야 할 것이다.

오늘날 국제간의 문화교섭은 전쟁으로 비유되기도 한다. 경제 제일주의에 의해 문화예술이 뒷전으로 돌려지던 시절이 없었던 것은 아니나 문화예술의 뒷받침이 없는 경제는 곧 한계에 부딪칠 수밖에 없게 된다. 경제 발전이 물질적인 풍요와 생활의 편리를 가져다주는 것이라면 문화 예술은 그러한 외적 만족 이면의 사치와 퇴폐성, 물질에의 노예상태로부터 인간을 구원해 주는 정신적 기체를 담고 있는 것이다. 경제 발전에 새로운 의미와 생명력을 불어 넣을 수 있는 공감력 있는 문화예술이 없이는 경제발전은 하나의 실패담으로 끝날 수도 있다. 이런 사회 변화 속에서 기업은 문화예술과 새로운 관계를 맺게 된다. 기업발전은 문화 예술과의 합작을 통해서 가능하며 또 문화예술에 참여한 기업만이 시장에서의 신뢰도를 얻어낼 수 있게 되었다.

여기에서 우리는 제4차 산업 도래를 앞두고 과거에 떠올려서는 절대 안 된다. 인류가 지향하는 새로운 도약에의 길을 구현하는 미래의 과학기술과 더불어 대전의 문화예술이 세계적으로 도약할 수 있는 문화예술에 기업의 참여와 예술인들의 의지로 승화·발전시켜야 한다. 이러한 문화 또는 대전 새로운 100년 이름에 걸맞게 우리 대전지방의 고유한 문화가 무엇인가를 모색하여 대전의 특성을 세계에 알릴 수 있는 계기가 되도록 해야 할 것이다.

4. 예술 향수 층의 개발

인간의 삶에서 왜 예술 활동이 필요한가라는 근본적인 질문과 함께 인간을 인간답게 살게 하기 위해서는 모든 인간에게 예술을 향유할 수 있는 능력을 길러주는 것이 국민교육의 의무이기도 하다. 외형상으로 21세기를 살아가는 우리들은 지극히 풍요롭고 편리한 삶을 누리고 있는 것이 사실이다. 과학만능시대에 살고 있는 현대인들은 고도의 과학적 지식과 능력이라면 무엇이든지 이룰 수 있으리라는 과신 속에서 현실에 안주하고 있는 것도 사실이다. 더구나 의학지식의 발전은 이제 인류의 질병퇴치에 획기적인 공헌을 하여 마침내 생명의 연장을 도모하였고, 과학적 지식의 축적과 그 활용은 인류의 생활에서 불편을 추방

하고 생활의 여유를 찾게 하였다. 하지만 이와 같은 풍요로움과 편리함을 긍정적으로만 평가할 수 없는 요소들도 많이 있다. 이것은 우리가 물질적 풍요로움을 누리고 기계의 편리함을 활용하고 있지만 거기에 반비례하여 인정과 사랑까지 기능화 하여 정신적으로는 황폐화되어 가고 있다. 사실 우리들의 가정과 사회에서 인정이 고갈되고 사랑마저 기능화되었다면 이는 인류가 심각한 정신적 위기에 봉착했음을 말해주는 것이다. 이 원인이 기능과 지식 중심의 교육, 과학 편향의 발달에 있음을 상기하면 문제는 더욱 심각하다.

지식과 과학 중심의 획일화된 사회는 자본주의 사회제도와 결부되어 모든 인간관계를 경쟁 속에 몰아넣었다. 이 경쟁의 속성이란 '내 창고 속에 남보다 많은 것을 가두겠다는 것'이니 그렇게 하기 위해서는 너의 사정이나 처지를 이해하기에 앞서 내 앞에 놓인 이익이 우선해야 한다. 개인의 욕망 추구가 자본주의적 이윤의 추구라는 말로 미화되어 수단과 방법을 가리지 않고 자본의 축적에 이성과 도덕을 상실해 버린다. 이런 자본주의의 거대한 수레바퀴 속에서 도시의 소시민조차도 인간의 소외의 상징이라 할 수 있는 화폐의 노예가 되어 인간 본래의 삶을 잃은 채 기계의 부품처럼 살아간다. 조금 극단적인 논리이긴 하나 이런 경쟁의 결과는 필연적으로 불신과 증오를 낳기 마련이다. 이 위기를 슬기롭고 신속하게 극복하는 길의 하나는 예술의 향유이다. 예술의 법칙은 경쟁으로 허영심과 증오심을 유발시킨 인간의 정신을 화해시킨다. 그리고는 더 나아가서 인간의 창의력을 혁신시키고 기계관계를 인간구조를 도덕적이고 정서적인 차원으로 순화시킨다.

가령 〈앵두 같은 입술〉이란 비유적인 문장에서 볼 때 앵두는 식물성이요, 입술은 동물성으로 이 둘은 완전히 이질적임을 알 수 있다. 하지만 비유라는 언어를 통하여 두 개의 사물이 동일시됨으로써 우리가 완전히 일체감을 느끼게 되는 것이다. 〈하나의 모래 속에도 우주가 있다. 하나의 꽃 속에 천국이 있다〉고 노래한 브레이크의 시에서도 모래, 우주, 꽃, 천국의 모순된 언어의 연결을 발견할 수 있지만 예술세계에서는 이를 획일화하지 않고 그 모순마저도 그대로 받아들여짐으로 해서 화해의 묘를 이루고 있는 것이다. 모든 것을 획일화하고 소유화하려는 현대사회에서 인간성을 회복하고 사랑을 꽃 피우는 깊은 문화예술의 향수를 통해서이다.

특히 대전 시민들의 경우는 각 지역에서 모여든 사람들로 구성되어 있어 이 고장에서 사는 긍지를 지니지 못하는 경우가 있었던 것이 사실이다. 많은 시민들이 돈만 벌면 이 고장을 떠나 서울이나 다른 도시로 가겠다는 생각을 가지고 있으며, 고위 공직자마저도 일단 관직을 떠나면 거의 이곳을 떠나는 경우가 허다했기 때문에 소비성 도시, 거쳐 가는 도시가 되어 버린 감이 있다. 이런 점에서 이 지역의 전통적 기반에

바탕을 둔 고유한 민속놀이 등을 주축으로 하는 문화행사를 주최하고 향유함으로써 이 지역민들이 동질감과 유대감을 확인할 수 있도록 유도되어야 한다. 물론 이런 문화행사는 시민들이 자발적으로 참여하여 신명을 발산하고 화합단결할 수 있어야지 행정력에 의해 인위적으로 계획되거나 강제동원 된다면 문화행사를 통해 거두려는 자긍심과 애향심, 단결과 협동은 이루어질 수 없는 것이 불을 보듯 뻔한 사실이다. 자신이 태어나고 성장하고 생활하고 있는 지역에 대한 강한 애착과 귀속감을 끌어낼 때 문화는 그 지역발전의 원동력이 될 수 있다.

이러한 지역 중심의 문화 활성화는 중앙 행정부의 정책방향과 지방 관청의 계획과 지시만으로 결코 이루어질 수 없다. 이들 관청은 보조적인 후원의 입장에 머물러 있고, 결국 그 주도적 추진 세력은 지역 문화인이 되어야 할 것이다. 그들은 대부분이 고장에서 성장해서 살고 있기 때문에 시민의 의식 수준, 취향, 그리고 이 고장의 전통적 특성과 문화의 미래 지향점에 대해서 누구보다도 더 잘 알고 있다. 또한 향토에 대한 이러한 이해는 그만큼 애정과 열정을 지니고 지역문화의 활성화를 위하여 헌신하게 되는 것이다.

그리고 이들 토착 문화예술인들의 지역문화에 대한 모색과 창달을 다른 지역에서 유입되어온 시민이라 할지라도 곧 자신들이 현재 살고 있는 지역 대전에 대한 이해와 정감의 폭을 넓히게 될 것이고, 이를 계기로 하여 대전에 차츰 애착을 지니게 될 것이다. 문화 예술의 창달은 이렇게 시민의 의식을 공동체로 아우르는 웅혼한 힘을 지닌 것이다. 시민을 의무나 규율에 의하지 않고 자연스럽게 대전이라는 한 도시의 시민으로 사회화시키는 것이다.

국민들의 예술 향유 능력은 보통교육에서 충분히 이루어져야 하지만 우리나라 교육제도상 불충분하다면 지역마다 있는 평생교육의 장을 활용하는 것도 한 방법이 될 것이다. 노인대학이나 주부대학, 청소년 캠프 등에서 예술 감상 능력을 배양할 수 있다면 일반 국민의 삶의 질을 높이는데 기여하게 될 것이다. 물론 이때 간과해서는 안될 것이 그들로 하여금 예술은 엄숙하고 고절한 것이 아닌 그들 곁에 항상 함께 할 수 있는 것이며, 즐겁고 유익한 것이란 생각이 들도록 해야 한다. 그러기 위해서 그 예술 감상 대상층에 대한 충분한 고려가 있어야 할 것이다.

정책적으로 배려된 국민교육을 통하여 보통사람들의 문화감수성의 질의 향상시키고 그 감각을 대중매체들이 자극하고 충전시킴으로써 자발적인 수요증대가 일어나야 한다. 이러한 수요증대를 통하여 지역마다의 고유한 문화를 개발하여 자연스럽게 접하도록 하는 것이다. 이는 그들로 하여금 지역 공동체 의식을 공고히 함은 물론이거니와 시민의식을 고양시켜 보다 밝은 사회 환경을 이끌어 낼 것이다.

5. 언론에 의한 문화 환경

현대사회를 특징짓는 것 중의 하나가 매스미디어이고 특히 그 위력이 대단함을 염두에 둘 때 언론은 일반 국민의 수준 때문에 오락적인 프로그램을 양산할 수밖에 없다는 핑계만 댈 것이 아니라 국민들의 삶의 질을 향상시키는 공기로서의 기능을 완수해야 한다.

언론은 문화의 한 유형으로 문화가 가지는 특성을 그대로 가지고 있다. 문화는 언론의 사회속에서 기능할 수 있는 필수조건이 된다. 특 언론활동이란 개인적인 차원에서건 사회적인 차원에서건 반드시 문화적인 환경에서만 이루어질 수 있다. 또한 문화는 커뮤니케이션의 속성을 그대로 지니고 있으니 한 사회에서 한 사회에서 공유하고 있는 상징이 문화이기도 하다.

따라서 문화와 언론은 상호작용의 관계에 있다. 문화의 내용과 형태는 언론의 구조와 성격에 영향을 주고 이와 마찬가지로 언론의 구조와 성격은 문화의 내용과 형태의 영향하게 된다.

그동안 우리나라의 경우 경제 우선주의 때문에 문화가 파행성을 면치 못했으며 분단과 정치의 소용돌이 속에서 국민들에게 불안감과 무력감을 자극시켜 현실도피적 성향을 가속화시켜 왔다. 대중문화는 이들의 도피처가 되었으며 정부와 기업은 대중문화를 통해 국민의식을 조작하려 했던 적도 있다. 또한 언론 자체가 공익성보다 기업성을 앞세워 저질화, 오락화, 상품화하였으며 윤리성보다 통속성에 치우쳐왔음이 사실이며 모든 체제가 중앙집권화하였던 시절에 지역 언론은 단순히 중앙의 정보를 묘사하는데 그쳤던 것도 사실이다.

이제 특히 지역 언론은 그 지역 주민들의 문화적 욕구를 자극하면서 그 지역만이 가지고 있는 독창적이며 향토적인 문화를 홍보하는 작업은 물론 문화예술과 관련되는 정보를 제공하여 문화의 민주화와 평등화에 기여해야 할 것이다. 또 그 지역의 문화 환경에 대하여 환경감시의 기능을 수행하여 관계당국과 기업의 지원을 촉구하며 사회적 공기로서 자신의 문화적 토대를 정립해야 할 것이다. 이런 기능이 활발해지면 이 지역의 문화현상이나 문제에 관해서도 사회교육의 기능을 수행하게 된다. 문제를 고발하기만 하는 것이 아니라 문제를 진단하고 파악하며 그 해결방법을 모색하며 문화교육의 영역을 확장하는데 기여해야 한다.

학교에서의 문화 교육의 중요성을 촉구할 뿐만 아니라 언론 스스로 문화의 평생교육의 장이 될 수 있어야 한다는 것이다. 과거 대전에 있는 신문사들이 백제문화탐방이라는 목적기행을 실시하는 것은 그 좋은 예가 될 것이다. 언론이 우리 문화의 파수꾼 노릇을 하게 될 때 우리 문화의 총체적인 전승과 발전이 보다 폭넓게 이루어질 것이다.

6. 결론

시간적인 차원에서 보면 문화 예술은 고정된 것이 아니라 항상 변하는 유동적인 것이다. 이러한 문화예술의 변동을 보다 발전적으로 이끌기 위해서는 어느 특정한 한두 사람의 노력이 아니라 관계당국과 문화예술인, 시민, 지역언론, 지역의 기업 등이 합심해야만 비로소 가능해질 수 있다. 행정당국이나 기업은 문화예술에 대해 적극적으로 관심을 가지고 과감하게 투자하며, 이 고장의 시민들은 이 고장 문화전통에 대한 자긍심을 지니고 문화예술을 깊이 이해하며, 지역언론은 문화적 환경

의 감시자와 정보제공자의 기능을 수행하면서 스스로 문화의 파수꾼이 되며, 문화예술인들은 하나된 마음으로 결집하여 문화예술의 발전을 위해 정진해 나갈 때 이 고장의 문화예술은 다시 찬란한 빛을 발하게 될 것이다.

 대전은 많은 사람들이 피상적으로 가지고 있는 이 땅에 철도가 깔리면서 시작된 신흥도시라는 인상과는 달리 그 연원이 깊다. 이미 신석기·청동기 시대부터 인간은 대전에 터전을 잡고 삶을 영유했으며, 그러한 문화적인 잔재들이 곳곳에서 발견되고 있다. 더욱이 백제는 요충지로써 쌓아진 산성, 고려의 청자 도요지, 조선조 명사들이 학문을 논하고 후학을 기르던 고택, 서원 등 지금까지 대전에 전해지고 있는 유적들은 대전의 문화적인 깊이와 유래를 대변해 준다.

 우리는 바로 이러한 유서 깊은 한밭의 유형적인 문화유산을 잘 관리하고 보존해야 할 뿐만 아니라 이러한 외적 유물에

담겨진 정신적 가치를 찾아서 그를 시민정신을 함양하는데 이끌어 들여야 할 것이다. 그리고 대전은 지역문화 또한 이러한 대전의 과거가 지닌 정신사적 의미를 뒤돌아보고 또한 현재는 우리의 위치를 성찰하는데서 모색되어야 할 것이다. 이는 또한 대전의 독창적인 문화 창달의 작업이 되어야 할 것이다. 그러한 과업이 많은 어려움을 지니고 있음은 사실이다. 왜냐하면 외래적인 서구문화와 전통문화의 관계, 서울 편중의 중앙문화와 소외된 지역 문화와의 관계를 아울러 고려하면서 진정한 우리의 문화는 무엇인지에 대한 전망이 요구되기 때문이다.

기업과 예술이
동반성장(同伴成長)하는 길!

◆ ◆ ◆

국내에서 활동하는 대다수 예술인들의 예술 활동수입이 여전히 월 100만원을 밑돌아 창작활동에 전념해선 생계유지조차 힘든 것으로 밝혀졌다.

지난 4월 4일, 문화체육관광부가 언론에 공개한 〈2018 예술인실태조사〉 결과에 따르면, 예술인가구 당 총수입은 2017년 기준, 평균 4천 225만원으로 조사됐다. 이는 국민 가구소득 평균 5천 705만원을 1천만원 이상 밑도는 수치이다. 지금부터 7년 전인 2012년 문화체육관광부와 한국문화관광연구원 공동으로 우리나라 문화예술인의 활동여건과 실태를 조사 집계한 〈문화예술인 실태조사〉에서도 예술인 3명 중 2명은 월 200만원도 못 번다고 발표한 기록이 있은 지 7년만이다. 이 예술인 실태조사는 예술인 복지와 창작환경 등을 파악해 예술인 권익 보호와 복지정책 기초자료로 활용하기 위해 예술인복지법에 따라 3년마다 실시

한다고 한다.

 이번 조사는 2018년 5월부터 11월까지 6개월간 전국 17개 시·도 모집단 18만여 명 중 문학, 미술, 건축, 사진, 음악, 국악, 무용, 연극, 영화, 대중예술 등 10개 분야, 총 5천명 예술인을 상대로 진행했다고 밝혔다.

 예술인 개인 창작활동과 관련해 월평균 수입액조사에서는 〈없다〉고 대답한 예술가가 무려 26.2%나 되는 것으로 조사됐으며 50만원~100만원(15.1%), 20만원~50만원(12.9%), 20만원 이하(12.3%)까지 포함하면 월평균 수입이 100만원 이하인 비율은 66.5%에 달했으며 100만원~200만원은 17.0%, 200만원 이상은 16.7%였다. 부가활동까지 포함한 월평균 수입액을 보면 100만원 미만인 사람이 7.4%를 포함해 29.5%인 것으로 조사됐다하니 예술인의 한사람으로 마음이 아프고 무겁다.

때 늦은 감이 있으나 지난 2011년에 입법이 추진됐던 〈메세나활동 지원에 관한 법률〉이나 〈예술인복지법〉이 제정되면서 문화예술에 대한 기업의 관심과 사회적 분위기가 변화되고 떠밀려서가 아닌 기업의 자발적인 지원이 점차 늘어나는 추세로 가시적인 성과를 거두고 있다는 언론보도에 다소 위안이 되기도 한다.

이처럼 기업의 예술기부금 및 문화예술관련 지원에 대한 세액공제를 통해 기업으로 하여금 보다 적극적인 참여를 장려하는 계기가 될 〈기업 메세나법〉은 기존의 단선적인 후원이나 협찬 등의 방식을 넘어 기업은 예술을 지원하고 예술은 기업발전에 기여하는 동반성장을 견인하게 될 것은 너무나 확실하다. 따라서 현 시점에서 경제적 주체로서의 기업이 예술과 상호 교류협력을 바탕으로 상생하는 전략적 동반성장의 구축이 날로 기대되는 분위기다.

이에 따라 정부는 메세나법을 기업을 대상으로 한 조세(租稅)제도적 측면에서만 바라볼 것이 아니라, 기업과 예술의 다각적인 쌍방향 동반관계를 기반으로 한 경제활동이라는 현실 여건에 입각해 구체적으로 실천방향을 과감히 전개해야 할 것이다. 특히 일자리창출 사업과 밀접하고 영화·뮤지컬·만화 등 청년층의 관심이 높은 3D, 스마트콘텐츠 등의 첨단문화산업 그리고 제4차 산업과 연계된 관광산업과 전통 문화관련 사업을 확대하고 집중적으로 지원해야 할 것이며 고령화 사회를 대비한 지방문화원의 노인문화프로그램과 취약계층 청소년의 문화향유 확대를 위한 청소년 문화학교 실시 등 지원규모를 확대하려는 정부의 문화예술 정책은 국가의 경제발전과 사회보장 원칙에 우선되고 특히 요즘과 같은 경제위기 속에서 관련 산업과의 연관성을 정책결정의 중요한 요인으로 삼아야 할 것이다.

　따라서 산업 연관성이 적고 대중성이 미약한 장르나 분야의 예술가 및 순수예술가에 대한 정책적 지원은 장기적인 국가발전 차원에서 이뤄져야 함에도 현실적으로는 대단히 부진한 상황이다. 따라서 〈기업메세나〉가 이윤창출이나 광고 차원을 뛰어넘어 정부의 손길이 닿지 않는 이런 부분에 대한 지원활동이 확대되어야 할 것이다. 언젠가 일간신문 사설에서 〈가난한 집 맏아들 99%는 왜 가난한가.〉라는 책을 소개하며 국가적인 특혜와 서민의 희생을 기반으로 성장한 대기업의 역할을 강력히 촉구한 바 있듯이, 이 지면을 통해 기업의 막중한 사회적 책임을 재삼 강조하고 싶다.

　우리나라에도 현재 독창적인 실험정신으로 예술의 새 길을 도전하는 청·장년 예술가들이 생계조차도 유지하기 어려운 환경에서도 예술가의 길을 포기하지 않는 이들이 얼마나 많은가!

이웃나라 중국의 경우
각 성(省)마다 대기업에서
예술원(書畫院)이나 서화원(書畫院)을 설립하고
선발된 소속 작가들에게 창작공간을 마련해주고
일정액의 급여를 지급하고
창작활동을 전폭적으로 지원해오고 있는 것은
어제 오늘의 일이 아니다.

이처럼 우리나라 대기업들도 이런 예술가들에게 안정적인 작업공간과 작업수단 그리고 실력을 겨루면서 다양한 경험을 쌓게 하고 국제교류활동기회 등 예술가 개인의 사비로는 해결하기 어려운 부분에 대한 전폭적인 지원이 이루어지는 사회 분위기가 하루속히 확산되기를 바라는 마음 간절하다.

우리 예술가들은 기업의 전시효과를 노린 일회성 〈기업 메세나〉나 이벤트를 바라지 않는다. 왜냐하면 자신의 예술적 활약과 성과로 지원한 기업의 장기적인 발전에 정신적으로 몇 배 이상 보답할 것이기 때문이다. 이것이 바로 기업과 예술이 진정으로 동반성장하는 지름길이기 때문이다.

내 고장 예술의 뿌리

윤백남 선생의 삶을 좇아서

◆ ◆ ◆

국력의 신장에 수반하는 시대발전은 지방의 문화와 예술계에도 활력을 일깨우는 원동력이 되고 있다.

우리는 언제나 내 고장 예술계의 뿌리를 밝히고 정립하여 고장의 예술문화 발전에 토대로 삼아 발전시켜야 할 것이다.

우리나라 예술계의 선구자요 우리고장출신 예술인의 태두(泰斗)인 윤백남 선생이 바로 그 선구자이시다. 선생은 1888년 11월 7일, 그러니까 130년 전 논산군 성동면 화정 1리 73번지에서 태어 나셨다.

지금은 집이 헐려서 사라졌지만 아직도 화정 리에 가서 윤백남 선생의 집터가 어디냐고 물으면 동네 분들이 다 알정도로 빨간 대청규모의 고택이 생가였다고 한다. 300평 가까운 옛터에는 허술한 시골집이 세 채 들어서 세월의 무성함을 일깨워 주지만 집터 뒤 언덕에는 대나무가 빽빽하게 자라서 옛 면모를 보여주고 있다.

선생께서 생가를 떠난 것은 대여섯 살 유년시절이라고 한다. 선친께서 무과(武科)에 급제 하시고 병사(兵使)의 직책으로 한양에 부임하게

되기 때문에 생가를 떠나 서울로 이주하게 된 것이다.

 본래 선생의 문중은 파평 윤씨(坡平尹氏) 의 노종파(魯宗派) 중에도 가장 문벌(文閥)이 좋았던 팔송당 문정공(八松堂文正公)의 가통이고 비록 선생께서 양자로 끊어진 혈통을 계승하기는 하였지만 대대로 벼슬길에 올라 행세를 해오던 명문 집안이었다.

 그러나 선생께서는 부유하게 살 수 있고 호사스러운 삶을 누릴 수 있는 처지에서 이것을 마다하고 당시 천박하게 여기고 고생스럽게 여긴 예술계의 선구자 적인 역할에 일생을 매진하였다. 수월찮게 많이 물려받은 유산을 연극과 영화를 제작하느라 모두 받치고 금융계나 언론계의 거목이 될 수 있었던 영예도 초개(草芥)처럼 버리고 험난하고 곤궁한 예술의 길을 택하여 연극과 영화, 출판과 문학 분야의 개척에 분골쇄신하셨다.

한때는 인척의 더부살이 노릇도 하고 금호동 바우억설에 판자 집을 꾸리고 살기도 하였으며 운명할 무렵에는 창신동 산기슭의 오막살이에서 끝내 고생을 면해보지 못한 채 눈을 감으셨다.

선생의 이런 큰 뜻이 우리 예술계에 도도하게 이어져 맥락을 이루고 전해져서 오늘의 예술이 이만큼이라도 발전 하였다 해도 과언이 아닌 듯싶다. 이제는 지방의 문화예술도 가장 향토적인 것이 국가적이고 국가적인 것이 세계적이라는 오랜 세월 슬로건으로 내려와 당당하게 지방문화시대로 도약하게 된 것이다.

그런 의미에서 우리는 오늘 한국예술계의 뿌리이자 우리고장 예술의 뿌리이신 윤백남 선생의 위업을 오래오래 기리고 받들어 야 할 것이다.

2019 대전방문의 해
한 · 중(대전 · 우한)서화교류전

❖ ❖ ❖

2019년은 대전방문의 해다.

  대전시는 2019년을 〈대전 방문의 해〉로 정하고 지역발전의 기폭제가 되었던 〈1993 대전엑스포〉 〈2002 월드컵〉에 이어 대전이 문화의 도시요, 예술의 도시임을 국내외에 크게 과시 할 수 있는 계기를 마련하였다.

  대전방문의 해는 두말할 나위도 없이 150만 시민의 총체적인 화합으로 긍지와 자존심 을 한껏 높이면서 지역특성의 예술행사를 창출하고 이를 국 · 내외에 과시하는 해가 되어야 할 것이다.

사단법인 한국예술문화 진흥회는 2017년 사드문제로 중앙정부는 물론, 각 지방자치단체가 중국과 연례행사로 개최 해 온 각 종 교류행사가 중단된 상태에도 중국 호북성 인민정부 우한(武漢)시와 2017년부터 한·중(대전·우한)서화교류전을 개최해오면서 2019년 〈대전방문의 해〉를 맞

아 양도시의 서화예술가 200여명이 대전에서 대규모로 서화교류전을 개최한다.

예로부터 우리 대전은 선비의 고장이요 멋이 있는 고장으로 전통문화와 민족의 유산을 그 어느 곳보다 소중히 여기고 가꾸어온 보수적인 양반고장이기도 하다. 그런가하면 지세가 명미(英美)하고 인성 또한 온순 후박(溫順厚薄)하여 가히 한국의 가나안이라고 해도 과언이 아닐 만큼 축복받은 고장이다.

이렇게 유서 깊은 옛 터전에 마치 신선의 바람이라도 불어오듯 2019년 〈대전방문의 해〉에 뜻 깊은 2019 한·중(대전·우한)서화교류전이 대규모로 열리게 된 것이다. 2017년 사드문제로 한-중 우호관계가 중단되는 위기에 놓여 있고 중앙정부는 물론 전국 각 지방자치 단체가 추진 해 온 중국과의 각종 문화 교류행사가 중단되는 상황에도 한국예술문화진흥회는 한-중 우호관계의 중요성에 발맞춰 지난 25년 동안 깊은

신뢰를 바탕으로 중국 호북성 인민정부 우한시 문학예술계연합 회와 상호주의 원칙 아래 2017년부터 한·중(대전·우한)서화교류전을 대규 모로 개최해오고 있기 때문이다.

한국예술문화진흥회는 2019년 〈대전방문의 해〉를 맞아 대전의 진운(進運)과 신기세(新氣勢)에 따라 전국 유일 하게 각 시도 자치단체에 앞장서 개최하는 한·중(대전·우한)서화교류전이 2017년 사드문제 이후 한·중 우호관계의 새로운 지평을 열어가는 특별한 교류행사라 여겨져 가슴 이 벅차오른다.

아울러 서화교류전의 주역인 참여 작가들은 수준 높은 작품을 통해서 상호경연을 펼치고 우리 대전의 명예와 이미지를 선양하는데 온갖 정성을 다 쏟을 것이다.

로마가 하루아침에 이루어지지 않았듯이 대전의 새로운 역사와 웅비도 일조일석에 가능한 것은 결코 아닐 것이다. 지역발전의 기폭제가 되었던 〈1993 대전엑스포〉〈2002 월드컵〉 그리고 2019년 〈대전방문의 해〉에 150만 시민과 대전시 당국, 그리고 대전을 주도해 나아갈 많은 지도층 인사들의 지속적이고 헌신적인 노력들이 모아져 새로운 대전을 건설해 나가야 할 것이다.

한국예술문화진흥회는 2019년 〈대전방문의 해〉에 대전에서 개최하는 2019 한·중(대전·우한) 서화교류전에 참여해 온 전체 미술인과 함께 정성을 모아 한·중 양 국간 인문상통과 동양 제일 장르의 서화예술 진흥을 위해 열정을 다 쏟아 한국의 명예와 대전의 이미지를 선양할 것이다.

등고(登高)에 나타난 두보(杜甫)의 인격

◆ ◆ ◆

등고(登高)

풍급천고원소애(風急天高猿嘯哀) 저청사백조비회(渚淸沙白鳥飛廻)
무변낙목소소하(無邊落木蕭蕭下) 부진장강곤곤래(不盡長江滾滾來)
만리비추상작객(萬里悲秋常作客) 백년다병독등대(百年多病獨登臺)
간난고한번상빈(艱難苦恨繁霜鬢) 요도신정탁주배(潦倒新停濁酒杯)

높은 곳에 올라

바람은 세차고 하늘은 높은데 원숭이 울음소리는 슬프고
맑은 물가 새하얀 모래톱에 새들이 날아서 돌아오네.
아득히 먼 곳의 숲에는 낙엽이 쓸쓸히 떨어지고
다함없이 장강은 도도하게 흘러간다.
만 리 밖 슬픈 가을에 언제나 나그네 된 나는
늘그막에 병든 몸으로 홀로 높은 대에 오르네.
가난하고 곤고한 삶의 한으로 서리 빛 귀밑머리 성성하고
늙고 쇠약해져 새롭게 탁주잔도 끊었다네.

대체로 여러 문인들이 말하여 중국 당대의 문호 중에 백낙천(白樂天)을 대중적이며 서민적인 시인이라 하는가 하면 이와는 대조적으로 두

보(杜甫)를 인생의 영원한 고민을 읊는 시인이 라고 하듯이 우리는 특히 두보의 시에서 느끼는 대중의 심금을 깊고 넓게 울리는 영원한 메아리는 그가 하나의 시인이라기보다 인생, 아니 시간과 공간을 초월하려는 형이상학적인 도의 경지가 있었음을 너무도 역력히 나타내고 있으며 예부터 문장은 곤궁한데서 나온다고 하였듯이 두보(杜甫) 역시도 가난과 질병에 시달리던 하나의 평범한 인간이었음을 엿보게 할 때 우리는 이의 시정 속으로 더욱 매혹되지 않을 수 없을 것이다.

그 단편적인 일례로서 등고(登高)에 나타난 내용을 더듬어 보더라도 공감 할 수가 있으니 첫 구절에 풍급천고원소애 저청사백조바회(風急天高猿嘯哀 渚淸沙白鳥飛廻) 바람은 급하고 하늘 은 높은데 원숭이의 울음소리는 슬프고 물가는 맑고 모래는 흰데 새는 날아서 돌아오도다. 하였으니 〈바람은 급하고 하늘은 높다〉고 한 것은 기후의 빠름이 겨울의 다가옴을 의미함이자 거기에 펼쳐진 높은 창공을 나타냄이며 이 멈추지 않는 시간과 무한한 공간속에 비교되는 보잘것 없는 인생의 행로에는 원숭이의 울음소리마저 쓸쓸함과 슬픔을 증가시킬 뿐이다. 그러나 냉정하기도 한 것이 천도(天道)의 순환이므로 그 다음으로 이지적(理智的)인 면을 나타 냈다고 할 수 있으니 〈물가는 맑고 모래는 흰데 철새가 날아 돌아온다.〉는 뜻을 음미하더라도 원래가 가을 물은 하늘로 더불어 일색을 이루고 있으리만큼 투명한 것이니 그대로를 감상하는 것은 그 시야를 느낄 줄 아는 시인의 이지라고 할 수 있는 것이요 냉정한 천리의 순환과도 같이 철새는 시기를 따라 돌아온다는 의미라고도 하겠다.

그리고 이어서 자연의 무한한 인생의 한계성의 모순에 도전해 보려는 작가의 느낌이 있으니 무변낙목수수하 불진장강곤곤래(無邊落木蕭

蕭下 不盡長江滾滾來) 가이 없이 떨어지는 나무는 쓸쓸히 내리고 다함이 없는 긴 강은 곤곤(滾滾)히 오누나 한 것이 바로 가이 없이 무한한 대지 위에 천리의 순환을 어길수 없는 가을을 보내는 나무 밑에는 그 낙엽만이 쓸쓸히 내릴 뿐 이니 이 무한을 느끼는 가운데에 만류할 수 없는 서글픈 그대로의 흐름을 나타낸 가운데
에는 여기에 항거하고 작가의 내심적인 도전이 표현된 것이요 영겁의 목숨처럼 다함이 없는 긴 강 의 굽이굽이 흐르는 성대한 기세를 말함은 일순과 같은 인생의 짧음을 안타까워하며 강물에 시린 그 무한 속에서 자연의 성대하고 긴 목숨에 부러움을 느끼지 않을 수 없는 것이 인간인 동시에 또한 그곳에 합류하려는 찬미의 일면도 나타냄이 아니겠는가!

그러나 인간은 어디까지나 인간인 것이며 이 인간의 한계성을 자인하는 것이 체념이 아닌 숙명을 이해하고 있는 현명이며 또한 거기에서 더욱 영원히 풀릴 수 없는 인간의 슬픔도 있게 되는 것이니 그리하여 다음으로 만리비추상작객 백년다병독등대(萬里悲秋常作客 百年多病 獨登臺) 만리(萬里)의 가을이 슬퍼서 항상 나그네가 된 것이요 백년에 병이 많아 홀로 누대(樓臺)에 올랐노라 한 것이다.

그러므로 이것을 환언(換言)하면 넓은 천지에는 삭막 하리 만큼 변모되어 돌이킬 수 없이 또 하나의 계절이 지나는 이 가을을 슬퍼하여 인생의 덧없음에 안타까움을 참을 수 없어 언제나 어느 계절에서 보다 방황하는 작자의 심경이라는 것이요, 그러나 이 덧없이 짧은 생애이건만 즐거운 나날일 수만 없이 오히려 그 시달림 속에서의 체념과 초월의 낙(樂)을 찾아야만 하는 인간, 벗도 없는 홀로의 정서에서 누대(樓臺)에 올랐음을 함축하여 표현한 것이라 하겠다.

그러나 여기에서 우리는 더욱 인간의 숙명과 괴로움에 몸부림하고 번민하면서도 그 것을 초월 하는 작가의 도인다운 성숙된 결구를 이해할 수 있을 것이니 난난고한번상발 료도신정탁주배(難難苦恨繁霜髮 療倒新停濁酒杯) 난난(難難)하고 어려움에서 서릿발 같이 흰 귀밑머리의 번 거로움을 괴롭게 한하며 쓸모없이 늙어버린 생애, 탁주의 술잔에 새로 머므르도다. 한 것은 평범한 인간의 결핍과 어려움에서 귀밑머리가 다 희도록 번거로운 세상을 한(恨)하면서도 이 것은 의례 인간의 숙명이며 자연의 행로이므로 이 여정(旅程)에서 고락을 초월해야만 하는 인간의 경지가 또한 있어야 하는 것이 아니겠는가!

그러므로 작자가 먼저 영원한 한(恨)을 나타낸 것은 그 괴로움을 회피하지 않고 받아들임의 표현인 것이요 그대로 애수에만 남겨진 의미가 아니니 쓸모없이 늙은 생애라 함은 혈기 있어 쓸데가 많아 오히려 부정당하는 애숭이의 서투른 행동과는 다른 장자(莊子)에 나오는 곧 무용지용(無用之用)과 같은 버려질 수 없는 영원한 도(道)에 입각한 노련하고 승화된 생동의 함축 을 의미한 것이요 탁주잔이라 함은 정(情)으로 도피된 술잔이 아니라 탁주(濁酒)를 마시고도 맑아질 수 있는 끝까지 힘찬 생애를 나타내는 조화의 술잔이자 낙(樂)인 것이요 그러므로 거 기에 새로이 머므른다고 한 것이니 이 새롭다 함은 영원을 발견하고 모든 것을 소화하는 새로 운 나날의 시간을 즐거워 할 수 있는 로맨틱한 여유도 있음인 것이요 그 머므름은 공간의 한 복판을 물아무간(物我無間)한 경지 즉 리얼리티하면서도 그것 까지도 초월하는 더욱 높은 차 원이 있는 것이니 이 시간에 충실한 삶과 공간에 합류된 인생은 곧 두보(杜甫)만이 할 수 있 는 시간과 공간을 초월 한 시성(詩聖)의 표현이라 아니할 수 없겠다.

그러므로 우리는 이 시성(詩聖)의 글을 읽으며 쓸쓸한 가운데서도 즐거움을 발견하고 한계의 속박감에서 무한의 합류를 느끼며 일순(一瞬)의 짧음에서도 영원한 예술적인 도의 경지와 인간미의 숨결도 느낄 수가 있는 것이라 하겠다.

이상에서 살펴본 바와 같이 이 등고(登高)라는 두보의 짤막한 시를 읽고 간결하면서도 그 속 의 함축된 자세하고 심오한 면의 풍부함이 넘치는 서정과 두보(杜甫)의 인간성을 엿볼 수 있으니 목은(牧隱) 이색(李穡)선생께서도 말씀하신 바와 같이 〈자상한 그 심사 천성이나니〉한 것과 〈고개 들어 바랄수록 아득만 하이〉하신 것 등도 모두 이 두보(杜甫)의 시정(詩情)의 심오(深奧)함의 전편을 요약한 말씀일 것이니 이 한편의 시(詩)만으로는 그 일각에 불과한 것이 아니겠는가!

그러나 이 등고(登高)의 시정(詩情)에서도 두보의 성스러운 그대로의 일면을 이해하고도 남을 것이니 첫 구절부터 바람과 하늘, 원숭이의 울음소리로써 시간과 공간에 입각한 계절의 슬픔을 나타내고 맑은 물과 흰모래, 철새의 낢을 보고서 자연의 순환을 거역 할 수 없음을 피력하는 작가의 자세하고도 영롱한 이지(이지)를 엿볼 수 있는 것이다.

그리고 이어서 무한 속에서 떨어지는 낙엽의 쓸쓸 함과 다함이 없는 강물의 흐름을 노래함은 무한한 공간에 외로운 인간의 일면과 그것을 긍정하고 자연에 합류하여 영원을 갈망하는 부르짖음이라 할 수도 있을 것이다.

그 다음에 다시 먼데까지 펼쳐지는 가을과 그것을 슬퍼하는 인간으로써 하거 할 수 없는 짧은 인생으로서도 많은 질고(疾苦)에 시달려야만 하는 인생과 그것을 초월하고 낙관을 발견하는 누대(樓臺)에 오르는 자신을 표현 하였다.

그러나 결론적인 구절로서 인간의 숙명인 가난과 늙음과 괴로운 한을 나타내고 그것을 긍정 하면서 노련하게도 쓸모없이 쓰여 지는 도(道)의 경지에서 여유 있게 청탁을 초월하는 술잔의 영원속에 새로운 자기의 안주처를 읊었으니 이 얼마나 자연과 인생의 광대하고 영원함을 담으려는 짤막한 문장에 나타남 경지인가!

그러므로 이러한 뜻에서 두보(杜甫)의 자신이 이 글제를 등고(登高)라고 하지 않았는가 할 만큼 물질문명에 속되어진 우리 현대인들의 심경을 의아하게만 하는 신비스러운 느낌마저 준다.

문심조룡(文心雕龍)과 우리민족

▪ ▪ ▪

　우리가 문심조룡(文心雕龍)을 읽을 때 가장 다른 여러 가지의 문학서적 특히 현대인들이 많이 읽는 책들과는 판이하다고 느껴지는 것이 있다. 모든 규격과 형식을 초월하여 자유로운 표현과 창작을 즐기는 전문화된 현대적인 조류의 작품들에 반하여 증성(徵聖)의 첫머리에 나타나 있듯이 거작자일성미자일명(去作者曰聖迷者曰明) 창작하는 사람을 성인이라 하고 미(迷)한 자를 명철(明哲)이라 한다는 구절의 의미를

보더라도 창작을 성스러운 경지로 승화시키고 기록을 명철(明哲)의 위치로 인식한 것은 물론 잊혀 지기 쉬운 현대의 매카니즘 속에서 본래적 인간의 존엄성을 재인식하고 회복시켜주는 거룩한 면이라고도 하겠다.

　그러나 일면으로는 성인이어야만 창작을 하고 명철한 사람이어야만 기록을 한다는 의미를 분명히 나타내고 있으

니 이는 너무나 전형적인 인간의 자유로움을 속박하는 듯 한 감이 많다고 아니할 수 없겠다. 왜냐하면 우리에겐 그대로 발로(發露)되는 정서 속에 더욱 천진한 시정(詩情)이 있고 그대로를 후세에 전하려는 기록 속에 진지한 문화와 역사성이 있기 때문이다.

그러나 또한 이 문헌에서 의미하는 신선성(新鮮性)과 규격적인 의미를 깊이 이해 할 때 너무나 전문적이고 또한 자유로움만을 택하는 현대 조류에 젖은 우리들의 빗나가기 쉬운 학문적인 자세을 다시 일깨워주고 경계해주는 면에서 인간 본연의 위대성을 발견할 수 있는 면이 많다고 우러러 생각할 수도 있다. 그러므로 이곳에서 더욱 그러한 면을 더듬어 본다면 평범하면서도 한없이 위대한 우리 인간을 소인의 반대 즉 대아에 사는 인간으로서의 표현인 대인으로서 승화된 경지를 나타냈으니 부감주일월 묘극신기(夫鑑周日月 妙極神機) 무릇 대인된 자는 천지와 그 덕을 같이하고 일월(日月)과 그 밝음을 같이하고 묘의 극이 신기(神機)이다. 라고 한 표현을 보더라도 그러함을 알 수 있을 것이다.

그리고 이에 이어 문성규구사합부계(文成規矩思合符契) 학문의 규구를 이루고 생각이 스스로 부합되고 계합(契合)된다. 라고 한 것도 문장의 표현이 자연스러우면서도 스스로의 법도에 합류함을 이룬다 하였으니 이 얼마나 승화된 인간의 경지이며 또한 거기에서 표현되는 학문의 극치라고 할수 있겠는가!

그러므로 그 생각은 자연 질서적인 조화에 부합하지 않을 수 없는 것이니 떠오르는 것이 그대로의 정연한 시부(詩賦)이며 아름다운 문장이 될 것이다. 그렇다면 이 위대한 인간 정신 활동의 생각은 자연 신성스러움이며 또한 그대로의 우리 인간들이 지니고 있던 내적인 천진성에서 우러나옴이니 이것이 곧 천인합일(天人合一). 신인일치(神人一致)의 경지가 아니고 무엇이겠는가!

그러므로 이 천인합일(天人合一) 신인일치(神人一致)의 사상은 우리나라의 홍익인간의 이념인 단군(檀君)사상에서도 일찍부터 나타나 있으니 신치(神致) 즉 신인 일치사상이 바로 이것이라 할 수 있겠다.

그러므로 우리 한국에서는 이보다 훨씬 전에 인간의 위대성과 숭고성이 있었던 것이며 이 사상의 발달이 신라의 화랑도에 영향을 준 것은 물론 이 천인합일(天人合一)이 실학사상과 또한 인내천(人乃天)의 동학사상(東學思想)과도 서로 밀접한 연관성이 있음을 말할 수 있을 것이다.

그러나 이 문심조룡(文心雕龍)에서도 이러한 인간의 극치에서 나오는 승화된 덕성의 문장을 조리 닿게 역설하고 있으니 원도에서 문지위덕야 대의여천지병생자하재 부현황색잡 방원체분(文之爲德也 大矣與天地並生者何哉 夫玄黃色雜 方圓體分) 문장의 덕(德) 됨이 큰지라 천지(天池)로 더불어 아울러 생(生)함이 무엇인가! 무릇 검고 누런색이 혼잡(混雜)되고 방원(方圓)의 체(體)가 나뉜 것이라는 것을 보더라도 문장의 덕은 무한히 크므로 곧 인간과 합류된다는 천지와 더불어 한가지로 합류된다는 것이니 현황(玄黃)의 색이 혼잡 되었다는 것은 천지의 색의합류 즉 천지가 하나로 돌아가고 또한 거기에 인간도 자연 합류되는 것이며 이 합류되는 인간의 표현이 또한 문장인 것이다.

그러나 이렇게 혼연일치(渾然一致)가 되면서도 그 속에서 질서의 정연함이 있음으로 모나고 둥근 체(體)가 나누어진다고 한 것이며 이것이 또한 천지자(天地者)의 이치와 같기 때문이니 인간의 극치인 실제이자 스스로 조화되는 것 즉 질서적(秩序的)인 진(眞)을 포함한 큰 덕이라고 할 수 있겠다.

그러므로 이 큰 덕 속에 내재해 있는 질서정연한 자연과 문학관(文學觀)을 분석적으로 설명하고 있으니 일원첩벽 이수려천지상 산천환기 이포지리지형 차축도지문야(日月疊壁 以垂麗天之象 山川煥綺以鋪地理之形 此蓄道之文也) 일월과 첩벽(疊壁)은 천(天)의 상(象)을 곱게 드리우고 산천의 빛나는 무늬는 지리(地理)의 형상(刑象)을 펼친 것이니 이것의 모두는 도(道)의 문(文)인 것이다 라 한 것을 보더라도 해와 달의 빛남과 구슬 같은 별들의 아름다움은 하늘의 수려한 형상이 드리워져 나타냄이며 산과 시냇물의 맑고 빛나는 조화의 경치는 땅의 형상이 펼쳐진 것이므로 이것의 모두가 곧 도리의 문장이라고 할 수가 있는 것이라 하였으니 이는 천지 자연에서 스스로 발로되는 문장을 발견함이자 문장으로서도 또한 천지자연의 질서정연함이 그대로 표현되는 경지를 말함으로써 이것의 모두를 또한 도의경지라고 의미한 것이요 이 승화된 면의 표현이 또한 인간과 천지가 합류되는 평범하고도 큰 도의 문장이라 한 것이며 아울러 물아무간(物我無間)과 끊임없는 영원성까지 나타낸 것이라 하겠다.

그러므로 징성(徵聖)에선 성(聖)과 명(明)을 말하였고 원도(原道)에서는 덕과 도를 말하였으나 이 무한을 의미하는 덕이라 영원을 뜻하는 도를 문장으로서 실현함이 성(聖)인 것이며 이러한 것을 기록함을 명(明)이라고 한 것이 아니겠는가! 다시 말하면 이 무한(無限)과 영원성(永遠性)을 천지자연에서 발견하고 이것을 문장으로 그대로 순수하게 표현하여 창작함을 성(聖)이라하고 실현과 기록은 인간만이 할수 있는 위업인 것이며 존엄한 인간의 신기(神機)라고 아니힐수 없을 것이다.

그렇다면 우리는 이 문헌을 읽을 때 너무 속박 감으로 느껴지는 딱딱한 고전적인 것으로만 이해 할 것이 아니라 여기에는 인간 그대로의 더욱 자연스러운 의미가 내포되어 있는 것이다.

왜냐하면 무한한 시간과 공간 즉 우주자연에 합류하면서도 그곳에서의 간격을 초월함으로 얻어 지고 실현되는 인간 극치의 위대성도 표현한 것이니 현대인들에게 잊혀 지기 쉬운 본래적인 인간의 우주관과 자연관을 다시 발견 할 수도 있는 것이며 또한 이것이 인간의 실제라면 여기에서의 문장은 더 한층 승화될 수도 있을 것이다.

그리고 우리민족에도 고조선시대부터 지금까지에 이르도록 이러한 사상과 문학이 발달하고 있었던 것이므로 지금 우리들의 심장에도 이러한 우주에의 도전과 극복을 통한 초월한 정신 에서의 문맥이 분명히 뛰고 있는 것이라고 말할 수 있겠다.

왜냐하면 원도에서 말한 천지인(天地人) 삼장(三藏) 성령소종시위삼세(性靈所鍾是謂三歲) 성령(性靈)의 종(鍾)한바 이를 삼세(三歲)라 이른다. 라는 사상은 또한 단군(檀君)의 말씀에
　천부삼인(天符三印)의 교훈 및 성통공완(性通功完)설과 너무도 상통되고 있으며 이는 순수한 본성의 신령(神靈)한 인간이 우주의 비오(秘奧)를 터득하고 실현하여 천지에 합류하는 조화된 아름다움을 발휘한다는 것이기 때문이다.

그러므로 우리의 이 단군성조의 자연과 합류되는 숭고한 교훈이 또

한 그후 풍류를 즐기며 자연과 합류되는 즉 우주와 인간의 합치(合致)를 수양의 목표로 하여 그 단련된 인간이 가정과 국가에 활약하는 지성인으로서 사상세계를 이룩하려는 풍류도(風流道) 즉 화랑도 (花郎道)의 정신과 불교문화에 이어져 이조의 유학(儒學)과 융화침전(隆化沈銓)되고 여과되어 그 일면으로 되살려졌다고도 할 수 있는 실학사상이나 유불선(儒佛仙)을 합류하면서도 조국의 사상을 내포하는 인내천(人乃天)의 동학사상(東學思想)등에서 우리는 인간극치의 민족사상을 깊이 이해할 수 있는 것이 아니겠는가!

팔순(八旬)나이에 이 문심조룡(文心雕龍)의 글을 다시 읽고 우리민족의 국문학사 에서도 그대 로 표현된 그 보다 더욱 위대하고 순수한 우리 민족의 고유성이 있음을 또한 다시 발견하고 이를 발전시켜 나감으로서 우리들의 긍지와 힘찬 문맥이 다시 구현되기를 바라는 마음이다.

문화교류에
새로운 지평(地平)을!

◆ ◆ ◆

한·중 국교정상화 이후 1994년 대전시는 전국지자체에서 제일먼저 중국 강소성인민정부 난징(南京)시와 자매도시 결연을 맺었다. 나는 당시 대표단의 일원으로 참석해 남경시정부산하 난징(南京)서화원 주도평(朱道平) 원장과 양 도시 간 문화교류행사로 한·중(대전·남경) 서화교류전을 상호주의원칙아래 개최하기로 합의했다. 그리고 내가 설립한 한·중 문화교류회가 1995년 대전에서 제1회 한·중(대전·남경) 서화교류전 개최를 시작으로 2016년까지 지난 21년 동안 한해도 쉬지 않고 성공적으로 개최해왔다.

당시 한·중 양국간 우호증진을 위한 서화교류의 물꼬는 우선 경제교류에 앞서 대규모 문화교류행사로 시작돼 각 분야의 교류저변확대는 물론 많은 국내기업이 중국에 진출하여 경제활동을 펼칠 수 있는 계기를 제공하였다.

그러나 2017년 사드문제 이후 한·중 관계의 정치적인 많은 난제들을 풀어갈 좋은 방법은 바로 문화에 있다는 것은 그 누구도 부인하지 않을 것이다. 따라서 정치와 경제의 문제는 문화의 영역과 떨어져 있지 않다. 우리는 정치, 경제, 사회적인 모든 문제를 같은 시각만으로 접근하는 것은 올바른 해결방법이 될 수 없다는 것을 잘 알고 이런 의미

에서 한·중 양국 간의 문화적인 교류는 총체적인 정치, 경제, 사회적인 많은 문제들을 풀 수 있게 하는 근본적인 중요한 해법의 하나가 된다 하겠다.

한국과 중국은 지리적으로 인접해있는데다 역사적으로도 유교문화와 불교, 도교 문화를 비롯해 한자문화권이라는 공통된 문화적 배경을 지니고 있다. 서로 간의 문화적인 차이와 공통점을 이해하는 일은 진정한 우호의 첩경이다. 문화적 이해는 서로의 인격을 인정하고 존중하게 한다는 점에서 개인이나 국가 간에도 마찬가지로 적용되기 마련이다. 그리고 국가 간의 일도 결국 각 개인 일들의 총화일 뿐이라는 점을 감안한다면, 사회주의 공산체제를 갖고 있는 중국과의 인적, 물적 교류에 있어서 민간사절의 위치는 중국의 정치적인 입장에서보다는 자유민주주의 체제인 한국의 입장에서 그 비중이 높다고 할 수 있다. 왜냐하면 한국의 경우에는 사업 주체가 정부기관이나 자치단체보다는 민간인 경우가 더 많고, 민간이 보다 많은 자발적인 인적자원과 활력을 갖고 있기 때문이다.

지난 2014년은 대전·남경 자매도시결연 20주년을 맞는 해였다. 그리고 내가 대전광역시의회 의장으로 남경시 인민대표자대회와 의정교류협정을 체결한지 15주년을 맞는 해이기도 하다. 같은 해 9월 24일,

남경 시 인민정부 무서림(繆瑞林)시장은 자매도시결연 20주년을 기념하여 양 도시 간 교류확대 MOU를 체결하는 자리에 나를 직접 초청하고 지난 20년간 서화교류전을 통해 많은 공적을 남겼다고 대전광역시 시장이 배석한 자리에서 칭찬과 덕담을 하고 〈향후 서화교류, 체육교류, 학생교류, 과학기술교류를 확대 추진하고 더욱 다양성과 실질적인 내용의 프로젝트를 적극 모색하기로〉 업무협약을 체결한 바 있다.

이처럼 오랜 기간 우호협력 속에 개최해 온 제20주년을 기념하여 다음해인 2015년, 남경 시에서 교류전을 개최하게 되었다. 그러나 남경시와 대전시가〈향후 서화교류, 체육교류, 학생교류, 과학기술교류를 확대 추진하고 더욱 다양성과 실질적인 내용의 프로젝트를 적극 모색하기로 체결한 한 업무협약〉과 달리 2015년 당시 대전시는 그동안 지원해 온 남경과의 서화교류전예산을 전액 삭감했다.

황당한 사건을 접한 나는 20여 년 간 난징(南京)시와의 서화교류전 개최여부에 대해 많은 고민을 쏟았다. 예산지원이 중단된 상황에서 이 서화교류전을 개최해야 되는 것인지! 그러나 나는 난징(南京)시에서 개최하는 20주년기념 서화교류전 만큼은 도저히 포기할 수 없다고 판단하고 많은 고민 끝에 사비를 들여 80명의 서화예술인들이 정성을 모아 제작한 수준 높은 작품을 모아 20명의 대표단을 이끌고 난징(南京)시를 방문, 제20차 한·중(대전·남경)서화교류전을 성공적으로 치러냈다. 한국의 명예와 대전의 이미지를 크게 선양한 것이다.

이처럼 한·중 우호관계의 중요성에 발맞춰 이어져 온 한·중(대전·남경)서화교류전을 지속적으로 확대 증진, 발전시켜야 함에도 불구하고 예산지원이 중단되는 황당한 사건이 발생한 이후 상호주의 원

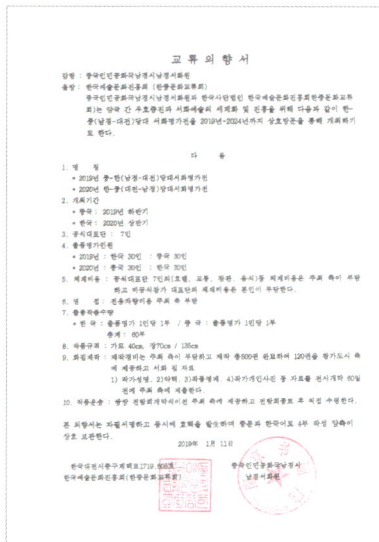
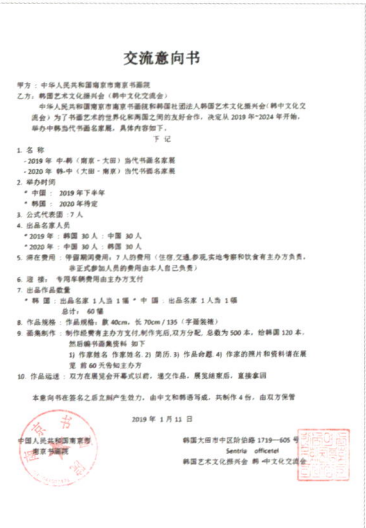

칙에 따라 예의상 2016년 9월 23일부터 6일간 대전에서 제21차 한-중(대전·남경)서화교류전을 성공적으로 개최하고 난징(南京)측의 요청에 따라 21년간 개최해 온 대전·난징(南京)자매도시 간 서화교류전은 그 막을 내리게 되었다.

그 후 나는 한·중 우호관계의 중요성에 발맞춰 중단된 대전시의 자매(우호)도시와의 서화교류전개최를 실현시키기 위해 많은 노력을 쏟았다. 문화적, 정서적 많은 어려움을 무릅쓰고 대전시의 자매(우호)도시 인민정부 외사판공 처를 통해 의향서를 전달하고 중국 호북성 우한(武漢)시와 역시 MOU를 체결하고 2017년부터 2019년까지 한·중(대전·우한)서화교류전 상호주의 원칙아래 성대하게 개최해 왔다.

2019년은 대전방문의 해다. 그리고 대전광역시와 중국 난징(南京)시가 자매도시결연 25주년을 맞는 뜻 깊은 해이기도 하다. 2017년 사드문제로 중앙정부는 물론, 각 지방자치단체와 중국과 이어져 온 각종 교류행사가 모두 중단된 상태에도 전국에서 유일하게 역시 한·중문화교류회가 중국호북성 우한(武漢)시 인민정부와 2017년부터 한·중(대전·우한)서화교류전을 개최했다. 특히 2019년 〈대전방문의 해〉에 대전에서 제3차 한중(대전·우한)서화교류전을 개최하고 또 2019년부터 2024년까지 중국 난징(南京)시인민정부 남경서화원과 2016년부터 중단된 서화교류전을 2019년 10월 23일 남경에서 제22차 한·중(대전·남경)당대서화명가 전으로 전시명칭을 바꾸어 교류전을 복원 개최하게 되었다. 이같이 교류전을 복원 개최하기로 한 중국 정부의 경우 경제성장 뿐만 아니라 정치사회적인 문화 환경이 한국과는 너무나 격차가 많은 현실로 각 장르별 예술인들은 국가와 기업의 풍족한 지원으로 개인의 예술 활동과 국가 간의 문화교류행사를 적극적으로 펼쳐가고 있는데 반해 우리의 경우 민간예술단체가 정부나 자방자치단체의 예산지원으로 국제적인 문화교류행사를 치르기는 하늘에 별 따기다.

예산지원이 제외돼 오다 우여곡절 끝에 2018년부터 예산지원이 확정돼 이를 계기로 난징(南京)시와의 한·중(대전·남경)당대서화명가전을 복원 개최하게 되어 또다시 서화예술인들의 뜨거운 열정이 인문상통(人文相通)의 결과로 이어져 대전의 이미지를 널리 선양하는 계기가 되었다.

이처럼 지역의 순수 예술단체가 추진, 개최하는 국제 문화교류행사는 향후 앞서가는 대전시의 몫으로 그 위상에 걸맞게 전향적이고 과감한 예산지원이 뒤따라야 할 것이다. 따라서 이 문화교류행사를 통해 한·중 양국 간 우의와 인문상통(人文相通), 그리고 서화예술의 세계화로 문화교류의 새로운 지평을 열어갈 것이다.

대전시문화정책의 전환

❖ ❖ ❖

　산업화 시대를 살아오면서 그 동안 침체내지 거의 실종단계에 이르렀던 지역문화가 지방자치제가 실시되면서 그 지방의 특성에 걸맞게 꽃피워질 수 있으리라는 큰 기대가 있었다.

　그러나 지방자치제가 실시 된지 30년 가까이 되고 있는 오늘의 지방자치제는 아직도 만족할 만한 단계에 오르지 못해 만족스럽지 못하다는 느낌이 들기도 하지만, 그것이 날로 발전되고 20대 국회에서 논의되고 있는 지방분권의 자치제도가 입법화되면 지금까지 수도권에만 집중되어 있는 우리나라의 문화예술도 중앙과 대등하게 분산될 것이

며 그렇게 될 때 낙후된 지역문화가 크게 활성화 될 것으로 우리는 점 쳐볼 수 있는 것이다.

하지만 이 같은 기대나 전망은 지역문화의 현주소를 확인해 볼 때 지극히 막연한 것임을 부인할 수 없다. 그것은 지방자치제가 실시 된지 30년 가까이 된 지금 당장 지역 문화예술이 발전됐느냐 하면 문화예술 분야에 종사하는 모든 분들은 머리를 갸웃둥 할 것은 뻔 한 일이다. 또 기대를 걸기에는 여러 가지 여건상 어려운 일이며 지방자치제에 있어서 제도적, 재정적 보완 조치가 뒤따르지 않으면 지역문화의 창달을 꾀할 수 없기 때문이다.

따라서 지방 자치제 실시 이후 낙후되고 획일화된 지역 문화예술에 활력을 불어넣기 위해서는 지방자치시대에 상응하는 문화정책의 전환과 지역 문화를 육성하기 위한 다각적인 지원시책이 선행되어야 할 것이다.

이 같은 제도적, 재정적 뒷받침의 수반이 따르지 않을 때, 지방자치제가 지역문화의 활성화를 위한 전제로서 가능성을 열어주는 계기가 될 것은 틀림없지만 그것이 지역문화의 발전적 활성화에 필요 충분한 조건이 되지 못할 것이다.

이와 관련해서 가장 시급한 문제는 그간 문화발전의 과정에서 날로 심화되었던 문화의 중앙집권화를 해소시키고 각 지역적 특성의 고유성이 있는 문화예술을 육성하기 위한 여건을 조성하는 일이라 볼 수 있다. 어제 오늘의 일이 아닌 그동안 문화의 중앙집권화의 심화는 모든 경제활동, 금융기관, 교육기관, 사회·문화시설, 각종 편의시설 등이 수도권에 집중되어 있는 현재와 같은 여건 하에서 지극히 당연한 결과라고 볼 수 있다.

　지방자치제 실시 30년이 지난 지금에도 문화의 탈 중앙집권화와 지역 문화를 활성화할 수 있는 여건을 조성하기 위해서는 무엇보다도 먼저 이 지역의
　　(1) 문화유산과 문화예술의 고유성 및 가치의 발굴
　　(2) 시민의 가치인식
　　(3) 지역문화예술의 발전을 위한 지방재정 및 금융지원 확충
　　(4) 문화예술 체계의 다양화, 분권화를 통한 지역 문화발전의 효율화 등

시책이 적극적으로 추진되어야 할 것이다. 이 같은 시책들이 효과를 거두기 위해서는 지방자치단체가 지역의 특수성과 실정에 알맞은 문화예술 개발계획을 수립하여 추진할 수 있도록 현재의 중앙집권식 행정체계를 과감히 지역 위주로 전환하는 개혁이 선행되어야 할 것이다. 그러나 이 같은 지역 문화의 활성화 대책도 결국 현재와 같은 수도권 집중화 현상이 해소되지 않는 한 실효를 거두기 어렵다. 그러므로 수도권 집중 억제시책을 보다 높게 추진하는 한편, 사회간접시설, 지방의 교육기관 및 문화시설 등 대폭적인 확충 노력이 함께 병행되어야 할 것이다.

　이러한 선결 조건과 함께 먼저 지방자치단체와 시민들이 해야 할 일은 이 지역의 정신적 뿌리와 우리가 새롭게 지향해야 할 정신문화의 가치를 새롭게 창출하여 인식하는 일이다. 문화는 결국 하나의 정신체계이다. 물질문화를 창조할 수 있는 힘과 질서가 바로 정신이요, 예술품의 생명도 바로 정신의 소산이라고 할 수 있기 때문이다.

대전 지방에는 신석기시대부터 인류가 정착한 이래로 각종 많은 유물과 산성, 유적지가 산재해 있다. 또한 이 지역에는 충절정신, 선비정신 등의 뿌리인 수많은 선열들이 탄생하여 이 지역 문화체계의 정신적 근간이 되기도 했다. 이처럼 대전에는 역사적 유물과 문화재가 산재해 있고 정신적 뿌리가 될 수 있는 훌륭한 선열들이 많음에도 불구하고 흔히 시민들조차도 대전에 무슨 문화재가 있으며, 정신적 뿌리와 전통이 있느냐고 반문하면서 대전을 뿌리 없는 지역으로 비하시켜 온 것도 부인 할 수 없는 사실이다. 이는 대전을 교통도시, 상업도시 혹은 신흥도시로 인식했던 과거의 인습 탓이기도 하지만, 그 보다도 문화재와 정신 유산에 대한 발굴 미비, 보존부실 더 나아가서는 그 가치에 대한 홍보의 미비에서 기인했음을 부인할 수 없는 사실이다.

민속예술경연대회와
광고사업

◆ ◆ ◆

　1986년 10월, 충청남도 주최 제27회 전국민속예술경연대회가 천안 공설운동장에서 성대하게 개최되었다. 당시 나는 충남예총회장에 취임하자마자 문화 불모지라 불려온 우리고장 예총 조직을 재정비하느라 공휴일도 없이 산적한 업무를 수행하느라 정황이 없었을 때였다.

　충청남도는 이 제27회 전국민속경연대회를 주최하면서 축제분위기를 높이기 위해 각종 선전탑, 꽃 탑, 아취, 현수막 등의 홍보예산을 비예산으로 책정하고 광고사업자 D기업을 선정해 예총회장인 나에게 기업의 협찬을 받아 대전과 각 시군에 홍보물을 설치하라는 막중한 일을 맡겼다.

　나는 앞이 캄캄했다. 40대 초반의 젊은 나이에 예총회장의 막중한 책임도 짐이 무거운 판에 문화 불모지라 불려오고 있는 우리고장의 불명예스러운 오명을 깨끗이 씻어내고 침체의 늪에서 허덕이고 있는 충남예총의 위상과 예술인의 권익을 높이기 위해 동분서주해오던 중요한 시기에 민속예술 경연대회를 불과 3개월 남겨 놓고 막중한 일을 맡게 된 것이다.

　나는 이 막중한 책무를 부여받고 우리 고장에서 개최하는 제27회 전

국민속예술경연대회를 성공적으로 치러내야 되겠다고 다짐을 하고 축제분위기를 높이는 각종 홍보물인 꽃 탑과 아취, 대형 현수막 등, 스폰서를 유치해 도내 각 시, 군 중심가에 설치키로 하고 출향기업인과 일일이 일정을 맞춰 민속예술경연대회의 성공적인 개최를 위해 광고 스폰서를 간곡히 당부했다.

출향기업인 한화그룹, 동아그룹, 삼부토건 등 총수들을 겁도 없이 직접 접견하고 광고 스폰서를 간곡히 요청해 예상 외의 실적을 올려 비예산으로 설치하는 각종 선전탑, 꽃탑, 아취, 현수막 등을 도내 전역에 설치하고 축제분위기를 한껏 높였다. 기업의 협찬으로 예상 외 큰 성과를 올려 제27회 전국민속경연대회를 성공적으로 치러냈다.

이처럼 1980년대 앞장서 기업의 메세나를 활용해 성공적으로 치러낸 제27회 전국민속경연대회가 단초가 되어 오늘의 광고 사업에 손을 대게 되는 동기가 되었다.

당시 행사의 홍보업체인 D기업은 대구에 연고를 두고 해마다 민속경연대회 홍보물을 제작 설치해 온 광고 업체였다. 이 업체의 J 대표는 제27회 전국민속경연대회가 역대 어느 행사보다도 대성황을 이룬 행사였다고 자평하면서 나에게 광고 사업에 관한 정보를 제공해 주었다.

그것은 당시 대전 시내 교통시설로 설치되어 있는 시내버스 승강장 표지판이 다른 시·도에 비해 정비되지 않은 채 세워져 도시 미관상뿐만 아니라 시내버스를 이용하는 시민들에게 불편한 시설로 남아 있어 이 승강장표지판을 세련된 디자인으로 제작해 설치하고 그 승강장 표지판에 광고를 유치해 관리할 수 있는 사업권을 얻으라는 정보였다.

나는 즉시 대전시내버스운송사업조합을 방문, 당시 Y 이사장에게 대전 시내버스승강장 시설에 관한 요지를 자세히 설명하고 즉석에서 사업권을 확약 받았다.

대전시는 마침 1988서울올림픽개최에 앞서 미려(美麗)한 시가지 정비계획을 세우고 그 일환으로 시내버스승강장 표지판을 서울시내에 설치한 표지판의 디자인을 모델로 설치하기로 방침을 세우고 내가 제안한 대로 광고물을 유치, 승강장 시설을 관리하는 조건으로 광고 사업권을 얻어 10년 뒤에 시에 기부채납하는 것으로 약정하고 대전시로부터 사업권을 획득하였다.

나는 88서울올림픽 개최 이전에 대전시 버스 승강장 표지판시설 1천 500개소를 완비하기 위해 경험이 많은 대구의 D기업과 50대 50으로 사업을 착수하고 지분대로 사업자금을 금융기관의 대출과 사채를 얻어 승강장 표지판을 제작, 시내 각 노선별 지정된 승강장 위치에 설치를 위한 만반의 준비를 갖추고 시내 전역에 미려(美麗)한 시내버스승강장 표지판 시설 2천 개소를 88서울올림픽 개최 이전 모두 준공을 마쳤다.

나는 광고사업자로서
1988년 대전시민들의 편의시설인
대전시내버스승강장 2,000개소를
16억 원을 들여 설치하고
2004년 이를 대전시에 기부채납했다.

1988년 시내버스 승강장 표지판 시설을 준공하고 본격적으로 광고 사업을 시작했다. 당시 광고매체는 요즘처럼 다양하지 않아 교통시설 광고가 광고주로부터 인기를 독차지해 기대 이상의 사업실적이 오르기 시작했다.

그로부터 4년 후 예기치 않은 IMF가 찾아와 국내경제는 물론 각 기업이 경영압박과 긴축재정으로 인해 광고 사업은 불황을 맞게 되었으며 설상가상으로 1992년 들어 시내버스 외부광고 매체가 생겨 시내버스승강장 표지판 광고는 그 빛을 잃게 되었다.

1991년은 지방자치제가 실시되는 해다. 나는 민속예술경연대회에서 얻은 경험을 바탕으로 당시 대전 시내 주요상업지역에 위치한 건물옥상에 옥상광고시설(빌보드)이 한곳도 허가를 받은 곳이 없는 것을 알고 시내 주요 네거리에 위치한 건물을 물색하고 옥탑광고(빌보드)를 설치해 본격적으로 광고사업을 추진하기로 단단히 마음먹었다. 1991년은 지방자치제가 실시되는 해다. 당시 지역 문화예술계에서도 누군가는 대전시 의회에 진출해 지역문화발전을 위한 의정활동을 펼쳐야 한다고 강력히 주장들을 하고 대전예총을 맡고 있는 나에게 시의원에 출마할 것을 강력히 요구하고 나섰다.

그래 어쩔 수 없이 굳게 다짐을 하고 시의원에 출마해 근소한 표차로 낙선의 고배를 마셨다. 그리고 추진하려 했던 옥상광고사업(빌보드)을 시작하려고, 전에 물색해 놨던 건물을 일일이 찾아다녀 확인을 하니 이미 서울의 광고사업자들이 모두 임대계약을 마친 뒤였다. 마침 시내 중심가에 신축을 위해 터파기를 하는 건물을 준공 후에 임대하는 조건으로 계약을 마쳤다. 그리고 건물이 준공된 후 옥상에 광고탑(빌보드)을 세웠다. 옥상광고탑을 세우고 불과 2개월도 안 돼 네거리 앞 건물이 다시 들어서기 시작했다. 새 건물이 준공되면서 옥탑시설이 가려져 광고효과가 없는데다 건물 주인이 찾아와 옥탑광고시설을 자기 건물에 설치해 줄 것을 간곡히 요청해 이를 승낙하고 준공된 옥탑시설을 다시 앞 건물에 옮기기로 했다.

이때부터 광고 사업을 본격적으로 시작해 전국 시외(고속)버스 외부 광고 사업권까지 보유하고 광고사업을 유지해 오면서 무려 40여 년 동안 예총활동과 지방의회 활동, 일반사회단체 활동 등 맡은 일 어느 하나하나 경솔하게 임할 수 없이 동분서주 하며 살아 온 셈이다.

모든 사업들이 그러하겠지만 서예가로 경험이 부족한 입장에서 광고 사업을 경영한다는 게 그리 순탄한 일은 아니었다. 그래도 꾸준히 노력하여 검소한 가정생활과 더불어 각종 선거에 출마해 선거구를 관리하고 낙선의 고배와 당선의 기쁨도 맛보았으며 그밖에 예술단체 활동과 후원, 불우이웃돕기, 장학금지원 등 지역사회 발전에 지금도 숨은 노력을 쏟아오고 있다.

대전 시민들의 편의복지시설인 시내버스 승강장 2000개소를 사비를 들여 설치하고 대전시에 기부채납한 사실을 아는 시민들은 없을 것이다. 그러나 지금도 시내 각 도로를 지나치면 시민들의 편의시설인 승강장을 볼 때마다 깊은 생각이 절로 나며 옛날 정월보름날에 시골 냇가에 징검다리를 놓아준 기억들이 새삼 떠올라 가슴을 뜨겁게 한다.

민족문화
동질성(同質性) 회복

◆ ◆ ◆

　문화(文化)란 바로 생활양식의 총화라는 관점에서 이해할 때 우리 민족문화(民族文化)의 동질성(同質性)은 아무도 의심하지 않을 것이다. 그런 의미에서 해방 70여년이 지난 오늘에 있어서도 남북(南北) 간에 이루어지고 있는 문화의 이질화(異質化) 현상을 심각하게 우려하는 까닭은 민족분단의 아픔을 더해주기 때문이 아닐 수 없다.

　그러나 한 문화의 형성은 지역적 풍토와 깊이 관련되어 있기 때문에 그 지역이 가지고 있는 특성이 지방문화(地方文化)라는 이름으로 돋보이게 됨은 다시 말할 나위도 없다. 근래에 와서 우리 주변에 있어서도 지방의 이름을 머리에 이고 있는 문화권(文化圈)의 이름이 날로 불어나고 있음은 이 까닭이 아닐 수 없다.

　이러한 문화권의 다양한 형성은 우리 민족문화의 내실을 더욱 풍요하게 해주는데 크게 기여할지언정 결코 이질화라는 부정적 요소로 작용하지 않을 것임은 다시 말할 나위도 없다.

　그러나 이렇듯 긍정적 요인을 다분히 내포하고 있는 지방문화권의 존재도 오랜 전통적 역사 현장으로서의 중앙집권적 정치체제하에서 과연 얼마만큼의 명맥을 이어왔을까. 실로 중앙 중심의 독선적 사고에

밀린 지방 경시의 풍조도 지방자치가 실시되면서 비로소 다소 수그러지고 새로운 지방시대의 도래라는 명제와 더불어 겨우 그 명맥의 소생을 기대할 수 있게 된 것은 그것이 비록 시대적 요청의 당위성에 힘입은 바라 하더라도 다행한 일이 아닐 수 없다.

문화란 그 사회의 발전과 정비례하여 단계적으로 새로운 문화를 창조하면서 변천한다는 점을 생각한다면 그 지역의 지방문화는 새로운 시대요청에 따른 문화 창조의 기본적 요인으로서도 결코 과소평가할 수 없음은 다시 말할 나위도 없다. 그럼에도 불구하고 외형적인 경제 성장의 그늘에 가려진 채 아무도 챙기는 이 없이 버려둔다면 이 시대의 문화적 후진성의 극복이라는 막중한 책임은 누가 져야할 것인가. 문화란 항상 전통문화와 외래문화와의 묘함에 의한 창조적 기능을 그의 생명처럼 간직하고 있다는 점에서도 지방문화의 활성화는 이 시대의 절실한 요청이 아닐 수 없다.

그러므로 이제 우리들은 소위 지방문화의 활성화를 위해서는 적어도 최소한의 기본 여건이 갖추어지지 않으면 안 된다는 사실을 여기서 지적하지 않을 수 없다.

첫째, 앞에서도 언급한 바 있듯이 중앙 집중적인 문화정책의 대폭적인 지방이양을 지적하지 않을 수 없다. 소위 지방자치제의 실시에 따른 제도적 개선뿐 아니라 그에 따른 모든 시책에

있어서도 지방시대라는 명목에 알맞도록 지방우선주의가 선행되어져야 할 것이다.

지금 서울은 인구의 포화상태에 놓여 있을 뿐 아니라 정치 경제적 과잉현상은 그만두고라도 모든 문화적 시설이나 행사에 있어서도 절대적인 우위를 점하고 있음은 다시 말할 나위가 없다. 그와는 상대적으로 문화적 빈곤에 처해있는 지방에 있어서는 비록 일일생활권(一日生活圈)이라는 미명하(美名下)에 국토는 이제 하나가 된 양 일컬어지고 있기는 하지만, 오랜 도비(都鄙) 간의 불균형은 좀처럼 시정되지 않고 있는 것이다. 이러한 문화생활권의 균등화를 가져오기 위해서는 대담한 정책변화에 따른 지방문화 육성방안이 짜여지지 않으면 안될 것이다.

둘째로 지적하고 싶은 지방문화의 활성화를 위한 시책으로는 지방자치제라는 구실 하에 지방의 책임으로 미루지 말고 각 지방의 지방대학 및 박물관들이 국립(國立)이듯이 적어도 지방문화의 육성이라는 관점에서는 국립, 다시 말하면 국가의 전폭적인 책임 하에서 이루어져야 하리라고 믿는다. 그리하여 지금까지의 지방문화는 적어도 벽지에 버려진 고아가 아니라 본가의 장손처럼 민족문화의 총아가 되어야 한다. 그리하여 국가의 문화적 유산을 온통 상속받는 위치에서 국가의 전폭적인 보호육성을 받아 마땅하리라고 본다.

셋째, 지방문화 육성을 위한 국가의 투자는 균등주의를 버리고 지금까지의 문화적 취약지구에 우선적으로 투자하여 스스로 전국적인 문화시설의 균질화(均質化) 및 문화행사의 능률화를 기하도록 하여야 마땅할 것이다.

불우 이웃과 함께!

◆ ◆ ◆

지금부터 40년 전 일이다. 당시 문화 불모지라 불려온 대전에서 남계화랑을 개설했다. 이재(理財)에 밝은 사람이면 당시 대전의 문화 환경에서 화랑을 개설 했을 리 만무했을 것이다. 화랑을 개설한 지 만  3년 만에 화랑은 경영난에 문을 닫고 빈손으로 서예학원을 개원했다. 당시 막대한 손해를 보고 문을 닫고 서예학원을 개원한 이 안타까운 모습을 지켜본 지인께서 후원자 한 분을 소개해 줬다. 소개를 받은 분은 대전토박이로 오랜 기간 D화공약품을 경영해온 李容相(76세) 사장이다.

李사장은 내가 대전에 학연과 지연이 없는 연원(淵源)을 익히 알고 각종 모임이 있을 때마다 나를 불러내 지인들과 친교(親交)를 맺게 하고 또 경제적으로도 어려운 사정을 깊이 살피면서 은행대출이 어려운 시절 그때그때 직접 대출을 받아주고 형편이 풀릴 때 상환토록 해준 참으로 고마운 분이다. 요즘 같은 세상에 그리 흔치 않은 후덕(厚德)한 분이다. 李사장은 검찰청에 근무하는 S과장으로부터 소개를 받아 지금까지 지난 50여 년 동안 지근에서 가깝게 지내오고 있다. 내가 힘들고 어려웠을 때 나를 도와 준 이사장의 고마운 뜻을 깊이 새기면서 나도 불우한 이웃을 위해 함께하는 생활을 갖기로 결심했다.

당시 나는 대전시 중구 은행동 레오파드 3층 건물에서 중도서예학원을 경영할 때 일이다. 어쩌면 약속이나 한 듯, 지역봉사단체인 BBS(Be Brothers & Sisters) 충청남도지부에서 간곡한 지원요청을 받았다. 대전시 용전동 복합터미널 부근에 BBS에서 운영하는 구두닦이 야간학교가 울타리만 조성되고 건물지붕이 없는 상태로 학생들이 야간수업을 받고 있어 이를 시공할 수 있는 공사비를 지원해달라는 요청이었다. 나는 이 딱한 사정을 전해 듣고 안타까워 거절할 수가 없어 도와줄 방법을 깊이 생각했다.

당시 BBS 충청남도 지부는 중도일보 창업주인 이웅렬(李雄烈) 회장이 이끌고 충남도청 공무원인 박상도씨가 사무국장을 맡고 있었다. 박

후원금 증명서

성 명 : 조 종 국
주 소 : 대전시 중구 계룡로 852
       삼성아파트 31동 301호

일금 : 이백육만원정

위 분은 사회복지법인 선아복지재단에 후원금으로 위 금액을 정히 납부하였음을 증명합니다.

2018년 07월 31일

대전시 중구 단재로 426-58 (어남동 59)
사회복지법인 **선아복지재단**
이사장 노금전

상도씨는 훗날 대전광역시고위공무원을 거쳐 대학에서 사회복지학과 교수로 재직한데 이어 대전시 사회복지협의회장을 역임하기도 했다.

그래서 나는 1983년 봄에 신신화랑에서 〈불우이웃돕기 남계 조종국서예전〉을 열었다. 10년 만에 갖는 작품전이라 그런지 전시된 작품이 모두 판매되는 전시였다. 나는 도록(圖錄)제작과 표구비 등 상당금액의 전시경비가 소요되었지만 작품판매 수익금 가운데 500만원을 BBS에 쾌척했다. 당시 대전시내 주공아파트 29평형이 500만원에 거래되는 시기였다고 한다. 당시 나는 삭월 셋방에 살고 있으면서 이처럼 큰돈을 흔쾌히 기탁한 것이다.

또 같은 해 나는 충청남도문화상 예술부문(藝術部門)을 수상하고 시상금 300만원 역시 상금 전액을 불우이웃돕기에 써달라고 충청남도 상조은행에 기탁했다.

이 고장에서 태어나, 서예가로 검소하게 살아오면서 언제나 나보다 어려운 처지에 있는 이웃에게 아주 작지만 도움을 주고자 하였다. 지금도 기회가 되면 불우이웃돕기에 동참하고 있다. 특히 나 자신 소년가장으로 고등학교 3학년 때 졸업을 뒤로 미루고 부여농지개량조합 서기 발령을 받고 가족을 돌보았던 고난의 세월이 있었기에, 가정이 어려운 환경에서 공부하는 학생과 청소년들에게 특별한 관심을 갖고 이를 돕고자 하였다.

고향인 부여 16개 읍면에도 1989년부터 3년 동안 해마다 각 16명 학생을 선발해 장학금을 지급해 온 일을 비롯해서 어느 해인가 KBS 〈골든 벨〉프로그램을 시청하다 D고등학교 K모 학생이 마지막 문제를 남겨 놓고 사회자와 대화 중에 학생이 편모슬하(偏母膝下)에 가정형편이 어려운 환경에서 열심히 공부하고 있다는 말을 들었다. 나는 즉시 방송국에 전화를 걸어 고등학교를 졸업할 때까지 그 학생을 후원하겠다는 뜻을 비쳤다. 그리고 매월 금일봉을 후원했다. 그 학생은 후일 서울대학교에 진학해 감사의 서신을 보내오기도 했다. 아마도 지금은 훌륭한 사회의 동량으로 성장했을 것이라 믿어진다.

오랜 기간 불우한 이웃과 어린이재단에 지원을 해오다 지금은 지역에 연고를 둔 시외(고속)버스노조 가족들의 자녀장학금과 S복지재단 등에 여유가 있어서가 아니라, 작지만 해마다 후원해오고 있어 가슴이 뿌듯하다.

새 한밭의 토양(土壤)

❖ ❖ ❖

　우리 대전은 국가의 중심부에 자리 잡고 있지만 구한말(舊韓末) 이후 급성장한 도시로, 도시가 형성되기 이전에는 글자 그대로 큰 밭(田)이었던 모양이다. 일제(日帝)때 경부선과 호남선의 분기점으로 철도가 지나고 교통과 상업이 활발해지면서 점점 충·남북 최대의 도시로 부상한 것으로 안다. 따라서 대전의 역사래야 한·일 합방 이후로 보면 100년 내외, 결코 유서(由緖)가 깊다거나 전통(傳統)이 대단하다고 볼 수 있는 고도(古都)는 아니다.

　나는 대전의 역사가 일천(日淺)하다고 해서 그것을 가지고 추호도 우리 대전을 폄하거나 낙망하고자 해서 이런 전제를 하는 것은 아니다. 고도(古都)가 아닌 신흥도시(新興都市)로도 우리는 얼마든지 대전을 자랑하고 사랑하는 기본정신에는 아무 변함이 없다. 다만, 이렇게 도시형성(都市形成)의 연조가 짧다보니 아직도 도시의 문화적 특성이랄까, 혹은 대전만이 가지고 있는 요지부동의 어떤 정신적 유산이나 미덕(美德) 같은 것이 미흡해서 아쉬운 바가 크다는

것이다.

 게다가 대전은 운명적으로 충청, 전라, 경상의 삼도(三道)가 인접해 있어 시민들도 삼도(三道)의 출신이 대부분이고 6.25 이후 남하한 이북동포까지 많이 살고 있어 가위 다층다색(多層多色)의 시민 구조를 가진 도시다. 그래서 논자(論者)들은 대전의 〈田〉자는 입이 네 개라 오죽이나 말들이 많겠느냐고 이구동성이다.

 이렇게 도시형성의 역사가 짧은데다가 다양한 시민층으로 구성된 한밭이고 보니 그 인간적(人間的) 정신적 토양이 아직까지도 박토에 가까울 정도로 거칠고 삭막한 면이 있다. 그러니 시민정신이랄까, 시민의식도 서로가 배타적인 경향이 짙고 불신과 반목이 강한 경우도 있다.

 따라서 이러한 토양을 가진 한밭에서는 〈인재(人材)〉라는 나무가 자랄 수가 없는 것이다. 누가 좀 큰 나무로 자라 보려고 하면 가지를 꺾거나 송두리 채 흔들거나 심하면 뿌리까지 뽑아내려는 심사가 예사로 나온다. 서로가 배타적이고 서로가 이기적인 이 풍토에서는 어느 정치가도, 행정가도, 경제인도, 문화예술인까지도 성장하는데 한계가 있는 것이다.

 나무는 백년을 가꾸고 사람은 삼십년을 키워야 한다는 말도 있다. 나는 굳이 이 글을 쓰면서 대전의 치부나 대전의 지역감정을 들춰 대부분의 착하고 아름다운 대전시민을 속상하게 하고 싶어 하는 악의에서 이런 소리를 하는 게 결코 아니다. 누구보다 대전을 사랑하고 문화예술을 창조하며 살아 온 시민의 한사람으로서 사람을 인정하고 아끼고 키워주는 도시가 그립기 때문이다.

　한밭이야말로 예로부터 넓고 큰 들에 오곡백과가 풍성하던 고장이 아닌가. 제발 앞으로 만이라도 우리는 소아(小我)와 집착(執着)을 버리고 좋은 인재가 누구든 무럭무럭 자라날 수 있는 비옥하고 아름다운 한밭을 만들기 위하여 한마음 한뜻이 되었으면 하는 마음 간절할 뿐이다.

대전 발전의 과제

◆ ◆ ◆

솔직히 우리가 사는 대전은 그리 오래된 도시는 아니다. 주로 일제 때 공주에서 대전으로 도청이 옮겨오면서부터, 그리고 경부선과 호남선의 분기점이 되어 주요한 교통의 요지가 되면서부터 우리 한밭은 점차 큰 도시로 발전하기 시작해 신흥도시에서 광역도시로 발전되었다.

따라서 대전은 첫째, 주인이 없는 도시다.
더구나 6.25 이후에는 많은 이북의 실향민들이 대전에 안주하게 되고 이와 함께 경상도와 전라도 등 이웃의 도민들도 이주를 많이 해와 대전은 결국 일종의 혼성도시가 된 것이다.

그도 그럴 것이 대전은 그 위치상으로 보아 충청도는 물론이지만 전라북도와 경상북도와도 접경을 이루고 위로는 경기도도 그리 멀지 않기 때문이다. 따라서 대전시민 중에는 이렇다 할 토박이가 별로 없다. 그렇다면 대전의 주인은 따로 있는 게 아니라 우리 모두가 다 주인이라는 의미도 된다.

　그리고 이 점은 큰 장점이 될 수도 있다. 뚜렷한 주인이 없다는 것은 토박이가 없다는 뜻도 있지만 이는 곧 지역감정이 없다는 말이 된다. 따라서 특수한 지역감정이 없다는 것은 배타세력이 없다는 점에서 이는 그대로 조화와 융합으로 승화될 수 있고 그런 점에서 오히려 다른 도시에 비해 대전발전의 원동력으로 작용하고 그 에너지를 효율적으로 집합할 수 있기 때문이다.

　둘째, 대전은 도시 형성이 일천하다 보니 문화가 없는 도시라고 해도 과언이 아니었다. 그래서 오랜 기간 문화 불모지라는 오명도 들어왔다. 신흥도시가 대개 그러하듯이 대전도 문화예술을 위한 문화 환경과 애정이 아주 부족한 지역으로 혹평을 받았다. 뿐만 아니라 두세 시간대의 서울문화에 밀려 문화예술에 종사하는 전문인도 적을 뿐 아니라 문화예술단체의 활동도 그리 돋보이질 않는 부족한 형편의 도시였다.

그러나 이 점도 광역시가 되면서 최근엔 많이 극복되고 보완되었다. 우선 2002년에 열린 월드컵 경기 때만 기억해 봐도 그와 같은 세계적인 규모의 축제가 대전에서 열렸다는 사실 하나만으로도 그보다 더 큰 문화행사가 어디 있겠으며, 이를 계기로 대전 문화는 그 발전을 가속화하리라고 믿고 있었기 때문이다. 그밖에도 주지하는 바와 같이 현대 첨단과학의 요람이자 그 산실인 대덕연구단지가 세계 과학 도시로서 대전이 자랑할 학문과 문화의 광장이 아닐 수 없다. 다만 앞에서도 밝힌 바와 같이 대전에 앞으로도 보다 많은 문화예술의 광장이 마련되고 보다 많은 문화예술인이 활동할 수 있는 여건을 조성해 가는 것은 항상 당국과 시민의 큰 과제가 아닐 수 없다고 본다.

셋째, 대전은 3차 산업 즉, 서비스 산업을 발전시켜온 도시라는 점이다. 첨단과학 연구기관인 대덕연구단지가 있고, 유성온천과 같은 대규모 위락시설이 있어서 공해 없는 소모성 도시가 바로 대전이었다. 이제 3차 산업을 뒤로하고 4차 산업의 시대에 앞서가는 도시로 발전되어야 할 것이다.

이 점도 우리 대전이 지극히 고무적인 이유는 선진국의 경우 첨단도시로 발전하는 지역에는 70%~80%가 4차 산업 형태로 발전하는 예가 얼마든지 있기 때문이다.

이와 같이 지역감정이 없는 도시로 새로운 문화예술의 가능성을 창출해내면 앞으로 도래하는 제4차 산업도시로 발전할 대전이야말로 명실 공히 미래지향적인 매혹의 도시가 될 것을 믿어 의심치 않는다.

술(酒)로 생긴 36실(失)

◆ ◆ ◆

술을 먹어서 생기는 서른여섯 가지 허물이 떠올라 글머리에 먼저 남기고자 한다.

1. 자재산실(資財散失) 재물이 모이지 않고 돈을 쓰게 되며
2. 현다질병(現多疾病) 질병을 앓게 되고
3. 인여투쟁(因與鬪爭) 술 때문에 싸우게 되고
4. 증장살해(增長殺害) 남을 해치려는 마음이 늘어나고
5. 증장진에(增長瞋恚) 성내는 마음이 늘어나고
6. 다불수의(多不隨意) 뜻대로 되지 않는 일이 많아지고
7. 지혜점과(智慧漸跨) 지혜가 줄어들고
8. 복덕불증(福德不增) 복덕이 늘지 않고
9. 복덕전멸(福德轉滅) 복덕이 줄어들며
10. 현로비밀(顯露秘密) 비밀을 지키지 못하고
11. 사업불성(事業不成) 사업을 이루지 못하고
12. 다증우고(多增憂苦) 걱정 고통이 많아지고
13. 제근암미(諸根暗昧) 눈과 귀 감각기관이 어두워지고
14. 훼욕부모(毀辱父母) 부모를 욕되게 하고
15. 불경사문(不敬沙門) 스님들을 존경치 않으며
16. 불경파라문(不敬波羅門) 어른들을 공경하지 않게 되고
17. 불경불보(不敬佛寶) 부처님을 공경치 않게 되고
18. 불경법보(不敬法寶) 부처님진리를 공경치 않으며
19. 친근악우(親近惡友) 나쁜 벗들과 어울리고

20. 원리선우(遠離善友) 좋은 친구들과 멀어지게 되고
21. 상기음식(常棄飮食) 음식을 버리는 일이 잦고
22. 형불은밀(形不隱密) 모습이 단정치 못하고
23. 음욕치성(淫慾熾盛) 음욕이 불타듯 하고
24. 중인불열(衆人不悅) 사람들이 싫어하게 되고
25. 다증어소(多增語笑) 쓸데없는 말과 웃음이 늘고
26. 부모불희(父母不喜) 부모가 기뻐하지 않으며
27. 귀속혐기(眷屬嫌棄) 친척들이 꺼리고 멀리하며
28. 수지비법(受持非法) 옳지 못한 일에 따르고
29. 원리정법(遠離正法) 바른 진리를 멀리 하고
30. 불경현선(不敬賢善) 어질고 착한 사람을 공경하지 않고
31. 위범과실(違犯過失) 잘못과 실수를 저지르게 되고
32. 원리열반(遠離涅槃) 열반에서 멀어지며
33. 전광점증(癲狂漸增) 미치광이 짓이 자꾸 늘게 되고
34. 심신산란(身心散亂) 몸과 마음이 산란하고
35. 작악방일(作惡放逸) 나쁜 짓을 하고 게으르게 되어
36. 신괴명종타대지옥(身壞命終墮大地獄) 죽고 나서는 큰 지옥에 떨어진다 하였다.

사람의 마음처럼 간사한 게 없는가 보다. 어떤 일이 잘못되어 큰 자극이나 충격을 받으면 그 당시엔 크게 달라져 앞으로는 정신 똑바로 차려고 달라져야 하겠다고 다짐을 하게 된다.

그러나 맹자와 같은 성인은 평범한 우리와는 전혀 다른 결심을 했고 또 그 결심을 끝까지 잘 지켜온 이로 유명하다. 맹자는 한때 집을 멀리 떠났다가 오랜만에 집에 돌아오자 어머니가 베틀에 앉은 채 아주 반색을 하며 〈공부는 어떻게 끝을 마쳤느냐〉하고 물었다. 맹자는 〈끝을 마

치다니요. 어머님이 뵙고 싶어 잠시 다녀가려고 왔습니다.〉하고 대답했다. 그 말을 들은 어머니는 아무 말 없이 옆에 있는 칼을 집어 짜고 있던 베를 짤라 버렸다. 맹자는 너무 뜻밖의 일에 깜짝 놀라〈어머니 왜 그러십니까?〉하고 묻자 어머니는 태연히 말을 꺼냈다.〈네가 도중에 공부를 그만둔 것은 내가 짜던 베를 다 마치지 못하고 끊어 버리는 것과 같다.〉 어머니의 그 말에 그만 맹자는 큰 충격을 받고〈어머니 제가 잘못 생각했습니다.〉하고 그 길로 다시 배움의 길을 떠나 학문에 전념한 나머지 마침내 공자 다음에 가는 성인이 된 것은 누구나 아는 얘기다.

이를 단기지교(斷機之敎) 혹은 단직지교(斷織之敎)라 하거니와 맹자와 평범한 사람과는 비록 어떤 일에 충격을 받아 새로운 결심을 하는 것까지는 같을 수 있지만 그 결심을 끝까지 실천에 옮기고 못 옮기는 점에서 크게 다를 수 있다고 본다.

나는 솔직히 다른 결심은 비교적 실천에 잘 옮기는 편이라고 자부한다. 그러나 유일하게 정말 이래서는 안 되겠다고 크게 뉘우치며 새로운 결심을 철석같이 해놓고는 결국 영 실천에 못 옮기는 일이 하나 있다. 그게 바로 다름 아닌 술(酒)이다.

술이란 건강에 나쁘고 실수하기 쉬우며 경제적으로도 아무 덕(德)될 게 없으며 가정의 평화를 위해서도 아주 해로운 것인 줄을 난들 왜 모르겠는가. 나는 이러한 인식을 분명히 하고 술을 많이 마신 그 다음날엔 〈음, 이젠 술을 곡 끊어야 하겠구나.〉하고 그야말로 무서운 결심을 한다.

그러나 어찌하랴. 워낙 많은 사람을 만나고 보면 사람이 좋아 그냥 헤어지지 못하는 내 천성이다 보니 그 좋아하는 술 한 잔을 나눌 수밖에. 옛 글에 주사정인리즉연(酒似情人離卽戀)이란 게 있다. 이는 술(酒)도 정든 사람과 같아서 헤어지고 나면 이내 그립다는 뜻이다.

글쎄 애주가에게 술과 연인 중에 어느 쪽이 더 소중한가 하면 아마 모르긴 해도 술이 더 좋다는 사람이 많을 것 같으니 술에 관한 한 내가 작심삼일(作心三日)하는 것도 어느새 나도 모르게 내가 애주가가 된 때문인가.

무사욕서예(無事欲書藝) 마묵발선지(磨墨發宣紙)
주붕하지독(酒朋何知獨) 호전우안파(呼電又安破)
유농(儒農)

아무 일이 없어 글씨나 쓰려고 벼루에 먹 갈고 화선지를 펼쳤더니
오랜 술친구 나 홀로 있음을 어이알고 반갑게 불러내니 쉬지를 못하는구나!

아무튼 내가 모든 사람들과 등지고 두문불출하기 전에는 아마 폭주는 하지 않더라도 술만큼은 끊고 살기 어려운 운명과 체질이 아닌가 싶다.

장진주(將進酒)를 읊어가며!

◆ ◆ ◆

군불견(君不見) 황하지수천상래(黃河之水天上來)
분류도해불부회(奔流到海不復廻)
우불견(又不見) 고당명경비백발(高堂明鏡悲白髮)

조여청사모여설(朝如靑絲暮如雪)
인생득의수진환(人生得意須盡歡)
막사금준공대월(莫使金樽空對月)

천생아재필유용(天生我材必有用)
천금산진환부래(千金散盡還復來)
팽양재우차위락(烹羊宰牛且爲樂)
회수일음삼백배(會須一飮三百杯)

잠부자, 단구생(岑夫子, 丹丘生)
장진주, 군막정(將進酒, 君莫停)
여군가일곡(與君歌一曲)
청군위아측이청(請君爲我側耳聽)

종정옥백부족귀(鍾鼎玉帛不足貴)
단원장취불원성(但願長醉不願醒)
고래현달개적막(古來賢達皆寂寞)
유유음자유기명(惟有飮者留其名)

진왕석일연평락(陳王昔日宴平樂)
두주십천자환학(斗酒十千恣歡謔)
주인하위언소전(主人何爲言少錢)
차수고주대군작(且須沽酒對君酌)

오화마. 천금구(五花馬. 千金裘)
호아장출환미주(呼兒將出換美酒)
여이동소만고수(與爾同銷萬古愁)
이백(李白)

그대는 못 보았는가 황하의 강물이
바다로 한 번가면 못 돌아오는 것을
또 보지 못 했는가 백발의 슬픔을

검은 머리 저녁 되니 하얗게 셋 네
인생무상 이제라도 알았다면 기쁨을 누리게
달빛 아래서 좋은 술을 그냥두지 말고

하늘이 나를 낼 땐 쓸 곳이 있으며
천금도 흩어지면 돌아오는 법
양과 소를 잡아서 잔치를 벌여
한 번에 삼백 잔의 술을 마시리

잠 부자 단구 생아
술잔을 권하노니 멈추지 말게
한 곡조 부르리라 그대들 위해
내 노래에 귀들을 기울여 다오

좋은 음식 좋은 술 귀할 것 없네
그저 맘껏 취하고 깨지 말기를
옛날의 성현은 이미 모두 죽고 없으니
잘 마시는 자만이 이름을 남기리라

진왕이 그 옛날 평락전(平樂殿)에서
수만 동이 술을 놓고 크게 즐겼지
주인인 내가 어찌 돈 없다 하랴
좋은 술 더 사다가 함께 마시세

최고의 말이나 천금의 갑옷
아이 불러 시켜서 술과 바꿔 와
그대와 천만 시름 잊고 싶어라

요즘 같이 세상인심이 각박한 사회일수록 우리는 이웃과 함께 더불어 사는 아름다운 사회건설을 위해 많은 정성과 노력을 기울여야 할 것이다.

그러나 욕심으로 그러한 생활의 목표나 삶의 기대를 지나치게 높이 설정하면 많은 사람들은 더불어 행복한 삶은 고사하고 오히려 더 불행해지는 것은 불문가지(不問可知)다. 가령 큰 부자가 되고 싶다거나, 사회적으로 높은 지위를 얻고 싶다거나, 또는 유명한 예술인이 되고 싶다고 거창하게 목표를 세운다면 그 목표달성은 그리 쉽지 않아 많은 사람들은 오히려 좌절과 불행한 삶을 살 수밖에 없을 것이다.

나는 얼마 전, 어느 한 주부가 쓴 〈행복은 작은 것에서〉란 칼럼에서 자신이 일상에서 얻는 아주 사소한 일들을 열거하고 그것이 자신을 행

복하게 살아가게 하는 〈행복의 여건〉이라고 소개한 글을 읽었다.

 그 분은 아무 탈 없이 지금 뛰고 있는 자신의 심장 박동, 밥을 달라고 칭얼대는 아이의 윤기(潤氣)나는 머릿결, 방금 마시고난 찻물, 양치질 하고 난 뒤의 개운함, 아무 일없이 무사한 오늘 하루의 무탈(無頉)함. 그런 속에서 오히려 큰 행복을 느끼고 있다는 것이다. 또 오늘 설거지를 했다. 커피를 내렸다. 양말을 빨래 통에 던졌다. 엄마에게 안부 전화를 했다. 인터넷으로 장을 보았다. 뭐 이런 내용 등등이다.

 이렇게 사소한 일들을 하고 난 이 주부(主婦)는 결과적으로 자신이 많은 일을 했다고도 하고, 참 잘한 일이라고 자화자찬까지 한다. 행복은 드물 게 성취하는 것이 아니라 잦은 자족(自足)이라고 만족해한다.

 우리는 하루하루 살아가는 일상에서 자칫 자신을 남과 비교하면서 자신의 경제적 여건이나 사회적 지위, 자신의 직업에 대한 불만, 자신의 배우자나 자식들에 대한 실망 등으로 자신을 자학하거나 폄하하고 심지어 불평불만을 하고 삶 자체를 절망 속에 자포자기(自暴自棄)하는 사람들도 많이 있는 것으로 안다. 하지만 행복이란 너무 거창한 목표나 소망을 놓고 괴로워하는 것이 아니다. 이 주부(主婦)의 글처럼 조금은 평범하고 사소한 일들을 하나하나 이루어 가는데서 삶의 기쁨과 행복의 성취감이 있는 것이 아닌가 생각한다.

가령, 복권이 당첨 되어 수십억의 큰돈을 손에 쥐었다고 하자. 그러나 그 사람의 행복한 나날이 과연 얼마나 오래 지속될 수 있을까. 재물은 얻기도 어렵지만 잘 간수하거나 올바르게 쓰기가 더 어려운 법이다. 그래서 재물(돈)에는 삼난(三難)이 있다고 하지 않는가.

첫째, 재물은 모으기가 어렵고,
둘째 재물은 잘 간직하고 관리하기가 어렵고,
셋째, 재물은 올바르고 보람 있게 쓰기가 어렵다는 것이다.
이 세 가지 어려움 중에 가장 어려운 것이
세 번째, 곧 보람 있게 쓰는 일이라고 한다.

명심보감에 있는 옛 성현의 말을 들어보자.
지복자빈천역락(知足者貧賤亦樂) 불지족자부귀역우(不知足者富貴亦憂)
만족할 줄 아는 사람은 빈천해도 즐겁고 만족할 줄 모르는 사람은
부귀를 누려도 늘 근심한다.

이 글에서도 행복이 부(富)와 빈(貧)의 차이에 있는 것이 아니라 만족과 불만족의 차이에 있음을 시사한다. 우리는 설사 가난해도 자신의 현실에 만족하면 행복할 수 있지 않은가!

우리는 많이 있다고 해서, 어쩌다 일확천금(一攫千金)을 얻었다고 해

서 행복한 것이 아니다. 또 어쩌다 생기는 딱 한 번의 강도 높은 대박이나 강렬한 인생의 어떤 경험에서 얻어지는 것이 결코 아니다.

행복은 사소한 일상의 반복, 그리고 편안하게 산책을 다녀온다거나 정답고 편한 사람과 이백(李白)의 장진주(將進酒)를 읊어가며 정배주(情配酒) 한 잔의 술과 커피를 마시며 담소할 수 있는 여유 속에서 진정(眞情) 찾을 수 있지 않은가!

시선(詩仙)이란 별호를 얻어 자유분방한 정신세계의 삶을 살아온 이백(李白)의 장진주(將進酒)를 읊어가며 행복한 삶과 기쁨을 다시 한 번 되새겨 본다.

정인정관(正印正官) 사주!

◆ ◆ ◆

과거 김일성의 죽음에 대해서 몇몇 역술가가 그의 죽는 날까지 거의 정확히 맞추었다고 해서 화제가 됐던 적이 있다. 또 어떤 작가는 소설에서 그의 죽음을 가상으로 썼는데 그 날짜와 시간도 거의 일치했다고 신문에 기사화된 적이 있었다.

사주보는 분들의 점괘대로라면 앞으로도 북한의 모든 상황을 미리 알아볼 수 있을 것이니 정치인보다도 역술인을 동원해서 국책을 방향을 짜도 되는 것이 아닌가한다. 그리고 가령 그들의 점괘가 남한의 융성(隆盛)으로 나오면 우리는 놀고먹어도 되고 그와는 반대로 쇠진(衰盡)으로 나오면 우리가 애써 일한들 아무 소용이 없을 수도 있을 것이다.

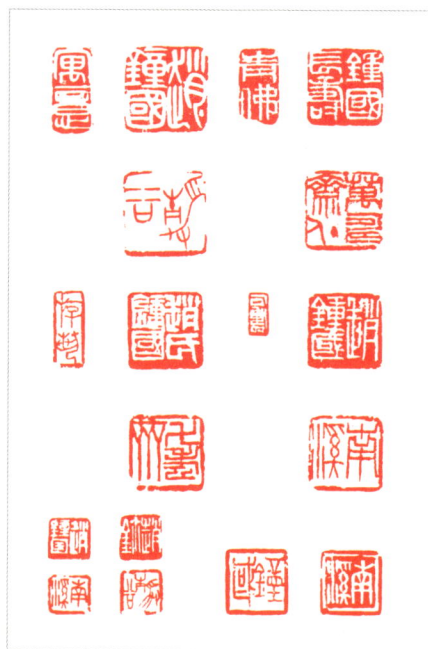

그러나 만일 우리가 점술인만 믿고 놀고먹거나 혹은 자포자기에 빠진다면 과연 나라의 장래가 어떻게 될 것인가. 그것은 보나마나 패망의 역사밖에 더 기대할 아무 것도 없을 것이다. 세상에 놀고먹거나 자포자기(自暴自棄)한 민족에게 번영과 영광을 내려준 역사는 단 한 번도 없었기 때문이다.

내가 아는 어떤 지인은 당사주를 보았는데 그 점쟁이가 75세까지는 틀림없이 산다고 장담을 하는 바람에 늘 그 얘기만 철석같이 믿고 기회만 있으면 술을 과음했다. 아들딸들이 아버지는 왠 술을 그렇게 자주 많이 드십니까? 하고 걱정을 해도 걱정마라 난 당사주에 75세까지는 산다고 했으니 아무 상관없다. 하고 호언장담을 했다는 것이다. 그러나 어찌 알았으랴, 그 영감은 어느 날 과음 끝에 그만 63세를 일기로 타계하고 말았다.

이렇게 본다면 한 나라나 한 개인이나 그 타고난 천부적인 운명이 있는 것은 확실하지만 또 거기에는 많은 변수가 작용한다고 보아야 한다. 어떤 운명을 타고났든 후천적 노력과 개척정신이 있다면 그 운명은 아주 호전되거나 보다 더 상승기류를 탈 수도 있지만, 그와 반대로 체념을 하거나 놀고 보자는 식이라면 꽤 좋은 운명도 곤두박질칠 가능성이 얼마든지 있으니까 말이다.

나는 사주니 관상이니 하는 점술을 별로 중요시한 적이 없다. 그러나 어쩌다 본 사주에 따르면, 내 사주에 정인(正印) 정관(正官)의 격이 있는 사주라고 한다.

정인(正印)격은 나 자신의 총체적인 운명과 인격을 말하는 것으로 이 격을 타고난 사람은 선비의 자질과 품성을 지니게 된다는 것이다. 따라서 나 자신이 문화예술인으로서 예술단체에 관여해왔고 아직도 서예에 남다른 관심과 연구를 기울이고 있는 것도 정인 격과 무관하지 않을 것 같다.

그리고 정관(正官) 격이 있는 것은 좋게 말하면 벼슬이나 명예를 얻는다는 것인데 현대사회에 진정한 의미의 벼슬이나 명예는 고관의 뜻이라기보다는 남을 위해서 살고 남을 위해서 봉사한다는 자세를 뜻하는 것으로 볼 때 나는 아무래도 사주팔자가 남과 더불어 고락을 같이하고 작은 일이나 큰일이나 남을 위해서 함께 살아갈 수밖에 없는 운명이 아닌가 한다.

따라서 정인(正印) 정관(正官)격이라는 나의 사주도 얼마든지 그 변수가 있을 것으로 본다. 위에서 말한 바와 같이 진정으로 이웃과 사회를 위하여 헌신적으로 봉사하고 인간적으로 성실하고 진지하게 살아간다면 나 자신도 지금보다 보다 나은 삶을 영위할 수도 있지 않을까 기대하면서 남은 여생 열심히 살아 갈 수밖에 없는 것이 아닌가!

제4차 산업시대
대전문화예술

◆ ◆ ◆

우리가 사는 대전은 이미 1993년 대전엑스포와 2002년 월드컵경기를 성공적으로 치러낸 인구 1백 5십만의 세계과학 도시로 제4차 산업시대를 눈앞에 둔 미래지향적인 도시이다.

우선 대전하면 첨단과학의 요람인 대덕연구단지가 있어 우리나라 과학기술최고의 산실을 가지고 있음을 자랑할 수 있다. 우리에게 산업기술과 첨단과학의 발전이 없이는 소위 선진국으로 진입할 수 없으며 제4차 산업을 목전에 두고 유성의 연구단지보호와 육성은 국민적 과제가 아닐 수 없다.

KAIST 김정호 교수(전지전자공학)는 2019년 4월 8일자 조선일보에 제4차 산업혁명은 빅 데이터를 기반으로 하는 인공지능의 혁명으로 빅 데이터로 학습한 인공지능의 인지능력, 판단능력, 예측능력이 대부분의 인간 능력을 뛰어넘는다고 밝혔다.

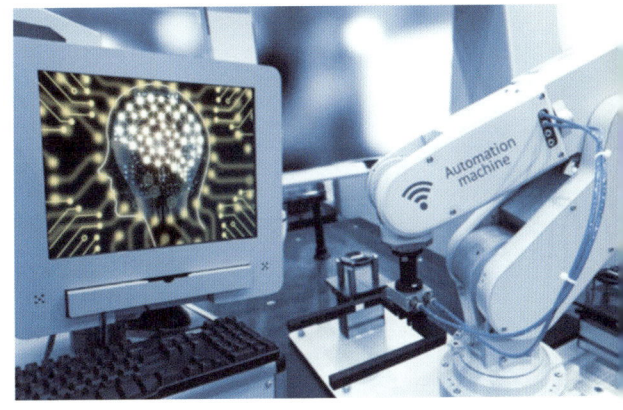

김 교수는 인공지능은 다양한 분야와 융합해서 새로운 가치를 창출할 수 있으며 인공지능은 〈환경〉〈에너지〉〈교통〉〈안전〉〈국방〉〈금융〉〈의료〉〈생명〉〈제약〉〈농업〉〈재료〉뿐만 아니라 특히〈인문학〉〈문화〉〈예술〉 등 모든 분야와 융합이 가능하며 인공지능은 이러한 분야에서 인간작업의 효율을 증대하고 창조과정을 보조할 수 있다고 강조했다.

자고로 우리 충청도가 선비의 고장이요, 학문의 고장이었음을 상기할 때 그 충청도의 수부(首部)인 대전에는 현대문화의 진수인 과학기술 연구단지가 자리하고 있음은 우연한 결과가 아닌 것으로 늘 마음으로 든든하게 생각해 왔다.

그 밖에 대전엔 천부적인 관광자원이라 할 만한 유성온천이 있다. 유성온천의 수질이나 각종 위락시설은 이미 정평이 나 있거니와 당국에서는 가려져 가는 그 유성을 관광위주의 지역으로 조성하는 것보다 각종 세미나 등을 유치하고 따라서 관광까지 즐기는 곳으로 면모를 쇄신해야 할 것이다. 그리고 유성과 쌍벽을 이룰 수 있는 또 하나의 휴양지로 개발이 가능한 곳이 바로 신탄진 옆 대청댐이다. 대청댐의 맑은 물과 그 주변의 수려한 풍광은 당국이 개발하기에 따라서는 아주 멋진 레저타운으로 부상할 수가 있지 않을까 한다.

그리고 대전은 더할 나위 없는 교통중심의 도시, 현재도 경부선이나 호남선의 중요한 분기점이 되고 있고 경부고속전철로 대전은 전국 어디서나 상업과 관광으로 아주 편리한 한국의 핵심도시가 될 것이다.

그리고 인근에 세종특별자치시가 날로 발전하고 있고 정부 각 부처도 거의 다 세종시로 내려와 도시형성이 날로 발전하고 육해공군 본부를 두고 있는 가까운 계룡시와 더불어 명실 공히 국가중핵도시의 행정수도로 각광을 받게 될 것이다.

따라서 이러한 대전은 〈정치〉〈군사〉〈관광〉〈연구〉〈교통〉의 요지가 되어 남한의 중심부에 위치한 장점까지 살려 다음으로 발전할 가능성이 날이 갈수록 높아가고 있지만 여기에 가일층 대전발전에 필요불가결한 것이 있다면 그것은 바로 제4차 산업의 거대한 도시에 걸 맞는 문화예술의 창조적 역할이다.

아무리 어느 도시가 크게 그리고 현대적으로 발전한다고 해도 그 도시의 정신적 심미적 바탕인 문화예술의 향기가 없다면, 이는 마치 큰 육체만 있고 정신이나 영혼이 없는 사람과 다를 바가 없기 때문이다.

그런 의미에서 아직도 부족한 예술장르 인 〈연극〉〈영화〉〈음악〉〈

미술〉〈문학〉〈무용〉 등  연중 내내 공연을 하거나 전시할 수 있는 각종 문화공간도 마련되어야 할 것이다. 이처럼 문화 예술의 질적인 향상과 발전도 제4차 산업을 열어가는 대전시의 거시적인 지원과 육성 아래 어느 도시 못지않게 활성화가 되어야 할 것이다.

이러한 조화와 균형 속에서 제4차 산업시대를 열어가는 우리 대전이 우수인공지능 인재를 육성하고 산업혁명기술의 혁신을 선도하는 벤처기업창업과 신산업을 개척할 수 있도록 모든 역할을 다해야 할 것이다. 그리고 대표적 국가 기간산업인 반도체, 스마트 폰, 가전, 자율주행 자동차 기업들의 경쟁력을 지속으로 지원해야 할 것이다. 분명 인공지능과 문화예술 융합(融合)의 여하(如何)에서 경제성장은 물론 새로운 일자리가 지속적으로 창출해 낼 수 있다는 것을 깊이 인식해야 할 것이다. 우리에게 인공지능인재의 육성은 선택의 문제가 아니라 생존의 조건이 된다는 제4차 산업시대와 문화예술이 융합된 꿈의 도시, 문화예술이 살아 숨 쉬는 대전으로 발전되기를 기대하는 마음 간절하다.

흙의 신비(神祕)!
2018 제4회 한글작가대회 기념 영문대표작 선집

◆ ◆ ◆

A Mysterious way of Earth

Cho chong kook

Calligrapher, Essayist, Former Chairman of Daejeon Metropolitan Council

Having a flashback to my personal exhibition "Namkye Cho, chongkook's Ceramics and Calligraphy" in December 1988, I have been fascinated by earth and its mysterious and eternal existence.

No matter how great artworks or magnificent structures were throughout human history, they have weathered and returned to the soil over time. The glory and prosperity of Pompeii had been buried in the soil. Even though people praise and admire the Great Wall of China and the pyramids of Egypt, they were created from the soil and are eventually destined to return to the soil.

However, it is not always that the earth has taken away things from us. The earth also gives back many things meaningful to our life. The earth produces all kinds of plants including fruit trees, and grain as well as oil, coal, gold, silver, and so on. It is a great giver.

There are some artists who have added soil to paints. They might hope that their paintings would last a few hundred years longer. Nevertheless, it is a matter of course that their paintings will not survive for thousands of years.

Thinking of the limited duration of my calligraphy on paper or other visual artworks, the finite nature of human artifacts gives me not only sorrow but also a relief. Imagine that everything human-made remains forever on earth. Our children and grandchildren would suffocate on overcrowded earth with non-perishable things and struggle to clean them up forever.

I am grateful for the law of nature; what is born will die, what has been built up will collapse, and what has been high will be brought low. Reflecting the mysterious way of earth, I am getting sympathetic to the greedy people who behave arrogantly if they could survive for millennial.

− Cho chong kook

− 1989 : " Will Live In My Hometown," Korean Essay, Fall 1989
− 1995∼2000 : Director, Korean Essayist Association
              Essay Compilation "Staring At The Stars"
− Essay Compilation "Morning On the Kyeryoung Road"
− Essay Compilation, "Embroidered Shoes In Mind"
− Pros Compilation "Namkye : Fifty Years of Artistic Soul"
− Chungchengnam−do Cultural Leader Award , Grand Award for Art and Culture, Seoul Newspaper Cultural Leader Award, Daejeon City Cultural Leader Award
− Award for Outstanding Contribution to Buyeo Korea, Award for Outstanding Contribution to Jiansu China

− 1719, Gyebaek−ro, Jung−gu, Daejeon, 34909, Rep. of KOREA.
− Tel : 042)531−9795 : 010−4042−3261
− Email : tis1208@hanmail.net
− Translation : Cho, Hyang Jin

지금부터 30년 전 1988년 12월 20일, 서예작품을 곁들여 〈남계조종국도서전(陶書展)〉을 열은 적이 있다. 그때 느낀 소감이 희수(囍壽)의 나이가 되니 주마등처럼 스쳐간다.

한마디로 흙처럼 신비롭고 영원한 존재가 없는 것 같다. 아무리 위대한 예술품이나 웅장한 구조물도 결국 오랜 세월이 지나고 나면 다

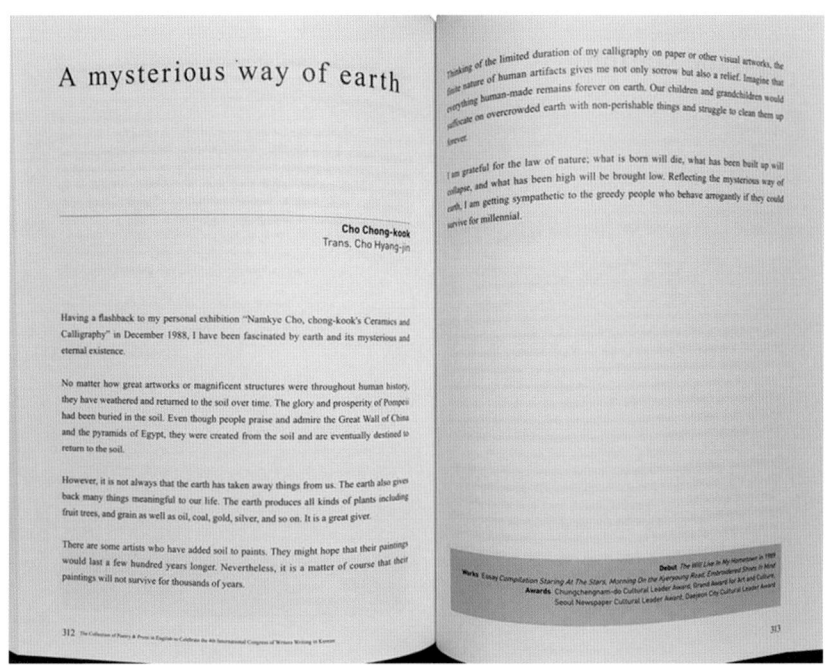

풍화(風化)로 작용하여 흙으로 되돌아간다는 생각이 들기 때문이다.

 가령 폼페이 시의 최후 같은 것을 생각해도 그 영화와 번성이 결국 흙속에 묻히고 만 게 사실이다. 중국의 만리장성이 어떻고 이집트의 피라미드가 어떻다 해도 언젠가는 결국 흙으로 돌아가기 마련이기 때문이다. 바로 운명인 것이다.

 그러나 흙은 되돌려 받기만 하는 무지한 존재가 아니라 그 속에서 무엇인가를 되돌려 주는 거짓말을 하지 않는 매력 또한 대단하다.

 가령 흙속에서 자라는 풀과 나무, 곡식 등 삼라만상이 움트고 자라는 것은 두말할 나위도 없고, 석유나 석탄 온천수나 금, 은, 보화까지 나오는 것을 보면, 흙은 가져가기만 하는 무법자가 아니라 되돌려줌을 아는 위대한 시혜자(施惠者)임이 분명하다.

이러한 흙의 영원성을 어느 화가는 자신의 도료(塗料)에 흙가루(紛沙) 같은 것을 섞어서 그림을 그리는 경우도 있다고 한다. 그는 자신의 그림이 단 몇 백 년만이라도 더 오래 남기를 바라는 뜻에서 그리 했을 것이다.

그러나 그러한 예술품도 수천 년, 수 만년을 가지 못할 것이 뻔한 노릇이니 하물며 필자가 쓰고 있는 붓글씨 작품이나 그밖에 수많은 공간 예술품이 유한한 존재임을 생각할 때, 이는 한편 섭섭하면서도 한편 다행한 일이 아닌가 한다.

왜냐하면 이 지구상에 그 수많은 예술품과 구조물이 영원히 흙에 돌아가지 못하고 그냥 멍청히 남아 있기만 한다면, 도무지 우리의 오랜 후손들은 그 너절한 점유물들 때문에 얼마나 번거롭고 답답해 할 것인가를 생각해서 하는 말이다.

따라서 적당히 남아있을 것은 남아있고, 그 뒤로 적당히 사라질 것은 사라진다는 이 생멸(生滅)의 섭리와 자연의 섭리가 사실은 너무 고마운 노릇이 아니겠는가. 모처럼 흙의 신비를 생각하면서 천년만년 살아남을 줄 아는 욕심 많은 사람들에게 새삼스럽게 연민의 정을 느끼게 하는 것은 나 혼자만의 독선이라 할까?

제3부

• • •

정치와
문화예술

감상적 민주주의

◆ ◆ ◆

옛날 책장을 정리하다 때 묻은 메모 책 하나를 발견했다. 그러니까 1980년대 시대상을 그린 메모 하나를 이곳에 남기고 한다.

그러니까 1980년 4월, 봄빛도 화창한 날이었다. 나는 기억도 희미한 시내 모 대학교에 볼일이 있어 모처럼 대학 구내를 걸어볼 기회가 있었다. 대부분 원색에 가까운 천과 글씨로 여러 가지 구호가 종횡으로 걸려있는 캠퍼스를 지나면서 새삼 우리 사회에 대학이라는 이방지대가 성역처럼 존재하고 있음을 실감할 수 있었다. 그중에서도 붉은 글씨로 써 붙인 게시물 하나를 읽다가 나는 그만 발을 멈추고 말았다.

내겐 그 내용이 그 때 심정으로 너무나 충격적이라 나도 모르게 수첩을 꺼내어 적어보기까지 했으니 말이다.

신 새벽 뒷골목에 네 이름을 쓴다.
민주주의여
떨리는 손
떨리는 가슴
치 떨리는 노여움으로
나무판자에 백묵으로 서툰 글씨를 쓴다.

숨죽여 흐느끼며

네 이름을 남몰래 쓴다.

타는 목마름으로
타는 목마름으로
민주주의여 만세!

대학생들 사이에 회자(膾炙)되는 노래의 하나라고, 뒤에 듣기는 했지만 민주주의를 이만큼 원통하고 처절하게 기록한 시구(詩句)도 흔치 않을 것이다.

나는 그날 대학구내를 벗어나면서 너무나 착잡한 심정에 몸 둘 바를 몰랐다. 그것은 민주주의를 어기는 잘못도 문제지만 민주주의에 대한 편견이나 광신 혹은 과욕(過慾) 또한 큰 문제라는 생각이 들었기 때문이다.

민주주의는 어느 특정집단의 전유물이이거나 민주주의만 외치면 모든 행동이 전지전능(全知全能)해지는 것은 결코 아니지 않은가!

중용(中庸)에서도 지적했듯이 진리(道)는 사람한테서 멀리 있는 것이 아닌 것이다. 도불원인(道不遠人)이라 했다. 민주주의도 우리가 쟁취해야 할 진리라면 그렇게 비참한 속성이 아닌 줄로 안다. 교통질서를 지키는 일, 어른을 존중해서 정책을 입안하는 일, 정부의 잘못이 있으면 과정과 절차를 밟아 개선하고 시정을 촉구하는 일, 이런 평범한 일들이 곧 민주주의일 것이다.

따라서 학생들이 내건 그와 같은 감상적이고 자학적이며 어딘가 너무 피 흘리고 상처받은 듯한 인상을 주는 민주주의는 재고할 여지가 있지 않은가 싶다.

촛불혁명으로 탄생한 문재인 정부출범 이후 국민대통합의 정치는커녕 양극화로 치닫고 있는 한심스런 정치판을 보면서 새삼 우리사회가 진정으로 요구하는 민주주의는 극좌도 극우도 아닌 정상적이고 보편적이며 진정으로 국리민복을 위하는 민주주의라는 것을 40년 가까이 메모 장에 숨겨 두 었 던 글을 다시 가슴깊이 되새기며 이 책에 남겨 빛을 보게 하는구나!

국민대통합정치
제21대국회의원 선거

◆◆◆

　남쪽 제주에는 어김없이 올해도 함박 눈 속에 입춘(立春)을 맞은 노란 유채꽃이 온통 눈부시게 핀다는 소식이다.

　이 오묘(奧妙)한 대자연의 아름다운 섭리는 역사의 유전(遺傳) 위에 흘러가고 있는데도 아직도 꽁꽁 얼어붙은 한반도의 북녘은 핵보유와 달리 가중된 식량부족과 경제난이 겹쳐 민생이 도탄에 빠져 있으면서 늘 우리의 간담을 서늘하게 만들고 있다.

　지금 우리가 처한 상황이나 점철된 수난의 역사에 얽혀 불안정 속에

살아 온 8순(八旬)의 노객은 오늘도 변함없이 비복(秘福)의 수호신을 믿고 입춘대길(立春大吉) 건양다경(建陽多慶) 글씨를 써 출입문에 붙이고 국태민안(國泰民安)을 기원하는데 세상 돌아가는 꼬락서니가 가슴을 답답하게 만들고 있다.

어떤 경우라도 이 땅에 자유민주주의가 건강하게 뿌리를 내리고 우리민족에게 미래지향적인 세상에서 작은 소망을 이루고 살아가기를 바라는 마음과는 달리 온갖 정치권과 공직사회, 사회지도층의 부정부패가 생활주변에서 연일 터져 나오고 있으니 지금까지 이룩해 놓은 작은 성취마저 좌절되고 정체될 수 없어 우리 모두 새로운 각오와 다짐이 요구되는 시기이다.

국·내외적으로 살어름판을 걷듯 조심스런 행보를 거듭해야 하는 절박한 현실에 내년에 있을 제21대 국회의원 선거는 우리국민 모두의 수준을 가늠할 올바른 민주주의의 항구적 정착을 위해 선민(選民)을 공명정대하게 뽑아야 할 것이다.

임기를 1년 남겨놓고 있는 제20대 국회는 지금 어떤 모습인가. 또 촛불혁명으로 탄생한 문재인정부 3년은 과연 어떤 모습인가! 평소 국민대통합과 협치를 강력히 주장해 온 문재인대통령도 국민대통합의 정치는커녕 양극화로 치닫고 국회역시 민생법안 하나도 제대로 처리하지 못하고 있는데다 당리당략에 따는 민생법안 하나 제대로 처리하지 못하고 선거법개정과 고위공직자의 범죄를 다룰 공수처 설치 등의 문제만 매달리고 있으니 한심한 노릇이 아닌가 한다.

선민(選民)이란 무엇인가? 백성 중에서 뽑아 선택된 사람이다. 온 백성이 시정이나 국정을 감시하고 또 방향을 제시 등, 이를 처리할 수 없기 때문에 몇 몇 사람에게 그 역할을 위임한 것에 불과한 자리다. 그러나 그들이 사리사욕을 충족시키거나 선출된 시민의 지도자라고 우쭐대고 그 위에 군림한다는 의식을 갖지 않는 한 시중 잡배나 졸부들은 그 선민(選民)의 자리에 감히 끼어들지 않을 것이 아니겠는가!

아무튼 세상 돌아가는 것이 이래서는 절대 안 된다고 아우성이다. 그런데 그 세상 속에 내 자신도 한 사람으로서 존재하고 있다는 사실을 명심해야 한다. 정치가 바로 서야 나라가 바로 선다. 내년에 있을 제21대 국회의원 선거를 앞두고 내 자신도 나를 슬프게 하거나 내 이웃을 슬픔 속으로 몰아가는 우민(愚民)이 되어서는 안 된다고 재삼 다짐한다. 우리는 올바른 자유민주주의의 변천과 정착을 위해 정신을 똑바로 차리고 희망에 넘치는 국가장래를 바라볼 수 있는 신안(神眼)에 밝은 눈을 가져야 할 것이다.

억압 속에서 신음하는 저 북한을 비롯한 세계 각국에 우리 한민족의 긍지를 널리 과시해야 할 것이다. 제21대 국회에는 전문성과 육덕(六德)을 갖춘 훌륭한 지도자를 선출해 민주정치의 근간을 만들고 이를 바르게 정착시켜 빛나는 배달민족의 유산으로 우리 후손에게 물려줘야 하지 않겠는가!

국민정신이 병들고 있다

❖❖❖

우리 사회는 어느 사이엔가 벼랑 끝으로 밀려나 있는 듯한 감을 준다. 경제 불황에다 소득주도성장 정책에 따른 최저임금 인상으로 빚은 서민경제의 몰락, 촛불집회와 태극기 집회로 빚어진 사회혼란과 양극화로 치닫고 있는 국회 등, 정치, 경제사회질서가 차례로 망가지고 국가신인(信認)도 마저 땅에 떨어지고 드디어는 개인의 생명가지 흉포한 범죄 앞에서 무방비가 된 최악의 상태가 되어 버렸다.

일반 시민에게는 언제 어디고 안전한 데가 없다. 길을 걸어 다녀도, 차를 타고 다녀도, 자기 집에 있어도 안심을 못하게 된 지경이라면 더 말할 것이 있겠는가. 단독주택은 물론이고 아파트라고 안전지대는 아니다.

최근 경향각지에서 살인사건 등 각종

강력사건과 성폭력사건이 연일 발생하고 있는 등 예년에 비해 사건의 발생시간이 앞당겨진 데다 그 방법도 또한 잔인하고 대담해진 것을 보면 오늘 우리사회의 병든 모습을 잘 설명해 주는 상징적 현상들이다.

경제를 최우선하여 되살려야 되는 문재인 정부는 출범해서부터 지난 3년 가까이 남북문제와 적폐청산문제에만 매달리면서 촛불민심에 의존하고 우왕좌왕하고 있어 온 국민을 크게 실망시키고 있다.

범죄(犯罪)의 온상이라 할 각종 사회병리(社會病理)현상은 한마디로 크게는 정치부패, 경제제일주의와 파행적인 산업화 과정에서 빚어진 도덕성과 사회정의의 파탄, 가치관과 규범의 왜곡을 들어야 할 것이고, 더욱 구체적으로는 빈부격차와 상대적 박탈감, 배금주의(拜金主義)와 한탕주의, 절약과 근면정신의 퇴조, 이기주의와 공동체의식의 결여 등 각종 병리(病理)현상을 들 수 있을 것이다. 또한 치안대책 미흡과 범죄수법의 발달도 지적되어야 할 것이다.

이러한 각종 범죄(犯罪)사건에서 느껴지는 것은 무엇보다도 지금까지 우리나라 각계 지도자와 당국이 한답시고 해온 일들이 너무도 허망하다는 점이다. 특히 정치지도자들이 벌이고 있는 정치라는 것이, 정부당국이 펼치고 있는 각종 정책의 시행과 범죄(犯罪)예방 수사(搜査) 교도행정(矯導行政) 등 각종 대책이라는 것이, 종교인들의 교회사업이라는 것이, 교육자들의 학교교육이라는 것이, 대중매체 등의 사회교육기능이라는 것이 모두 다 그러하다.

어떻게 보면 오늘의 정치상황은 최우선하여 범죄(犯罪)를 없애고 살기 좋은 사회로 만드는데 기여하지 못하는 정도가 아니라 흉포화한 강력범죄의 원인 일부를 제공하고 있다. 왜냐하면 오늘의 정치는 집권 (執權)은 싸움의 구도로 타락함으로써, 또 권력(權力)과 금력(金力)을 상징함으로써 우리사회의 도덕수준의 저하에 한몫을 하고 있기 때문이다.

세계에서 가장 교회가 많은 나라에서 이렇게 범죄(犯罪)가 창궐하는 것은 무엇을 뜻하는 것일까. 또한 지구상에서 가장 교육열이 높다는 나라에서 이렇게 사회규범이 무너진 것은 무엇을 의미하는 것일까.

정치, 경제, 사회지도자들의 허황된 행동들이 국민정신을 병들게 하고 있다. 피켓을 들고 노상(路上)캠페인을 벌이거나 막연한 도덕재무장운동 차원을 넘는 건강한 우리 사회를 위한 건전한 국민정신운동을 종합적인 전략(戰略)을 세워 우리 모두가 차근차근 모색해야 할 때가 아닌가 한다.

급진 폭력주의가
우리사회에 미치는 영향

❖❖❖

두말할 것 없이 〈민주〉와 〈폭력〉은 상대적인 어휘다. 비폭력적이고 가장 이상적인 사회를 만들어 나가자는 것이 바로 민주주의 사회이기 때문이다.

한 가지 예를 들어보자. 어떤 집단에서 힘이 센 사람이나 또는 몇몇 사람이 다수의 의견을 무시하고 자신들의 힘으로 전체를 억압하고 제압한다면 그것이 바로 폭력이 되는 것이고 전체의 의사에 따라서 그 모

임을 이끌어 나가면 그것이 곧 민주적인 것이 되는 것이다.

그런데 어째서 우리사회에서는 가장 상식의 문제라고 볼 수 있는 폭력의 문제와 민주발전의 문제가 한 자리에서 논의되어야 하는지 아이러니하지 않을 수 없다.

폭력이라는 말의 법률상 의미는 모르겠다만 국어사전적인 뜻으로는 〈난폭한 힘〉으로 되어 있다. 그런가하면 〈폭력단하면 폭력에 호소하여 사적인 목적을 달성하려는 반사회적 단체〉라는 뜻이고 〈폭력배라 하면 자칫하면 폭력을 행사하는 불량배〉라고 설명할 것이다.

왜 이러한 폭력이 오늘날 우리사회가 민주사회를 만들어 가는데 있어서 저해 요인이 되는 것인가를 짚어 볼 필요가 있다고 본다.

원래 〈폭력〉은 힘을 가진 편의 낱말이다. 힘이 약한 사람은 폭력을 행사 할래야 행사할 수가 없다. 그런데 오늘날 우리 사회는 권력을 가진 쪽에서, 아니 권력을 쥔 쪽에서 이 폭력을 문제 삼고 있는 형편이다. 그러니 아이러니가 아니겠는가! 이것이 바로 민주사회와 폭력의 사회가 다른 것이다. 독재사회에서는 독재자가 일방적으로 폭력을 행사할 뿐 다중의 인민은 복종만 하면 그 뿐이다. 그렇지만 민주사회에서는 독재사회와는 달리 다중의 통치계급을 향하여 힘을 행사할 수 있는 것이고 따라서 민주사회에서는 집권층에서 폭력에 대한 우려를 말할 수 있는 것이다.

지나온 시대나 오늘의 우리사회는 아직도 집권층에 의해서 폭력이 이루어져 왔다고 볼 수 있을 것이다. 그것이 아무리 훌륭한 이상이요 원리라 하더라도 폭력적인 방법으로 통치되었을 때는 분명히 비민주적이라는 평가를 모면하기 어렵다.

즉 3공화국 시절 경제발전을 이룩한 공은 크게 인정된다손치더라도 그것이 민주적인 절차와 방법이 아니었기 때문에 독재이었다는 지적에서 벗어나지 못하는 것이다. 이처럼 물리적인 힘에 의하여 통치되던 불행한 역사가 우리에게는 장기간 있었다고 볼 수 있을 것이다.

조선조 역사가 대부분 그렇고, 일제 36년이 그랬고, 제2공화국을 제외한 제5공화국까지의 역사가 그러했다.

이처럼 물리적인 힘이나 억압의 논리가 지배하는 사회에서는 자연히 그것에 대응하는 방법 역시 물리적이거나 폭력적인 힘일 수밖에 없었으리라고 생각할 수 있고 실제 우리의 체험으로도 이는 여실이 증명된다고 할 것이다.

그래서 일제에 항거하는 길이 결사적이요 폭력적일 수밖에 없었고, 5공 치하에서나 현재에 이르기까지 민주주의를 찾고자 하는 방법 역시 정상적인 토론이나 여론의 힘이 아니라 목숨을 건 완력의 방법일 수밖에 없었다. 그리고 그러한 힘을 행사하는 것이 우리역사에서 높이 추앙되고 그 분들의 용기와 결단을 두고두고 평가해 왔던 것이다. 이처럼 우리의 역사에서는 〈난폭의 힘〉이 난폭이 아니라 애국의 힘으로 미화될 수밖에 없는 상황이었다고 할 것이다. 물론 이때의 난폭은 시정 잡배들의 난폭과는 다른 것이다.

그런데 민주주의를 해보겠다는 집단에서의 난폭은 그 민주주의를 파괴하는 길이 된다는 것을 잊어서는 안 된다. 말하자면 다중의 의사조차를 부정하고 지난시대에 저항해 온 방법으로 폭력적 방법을 사용하려 한다면 민주적인 방법은 발붙일 곳이 없기 때문이다.

요즈음 우리사회에서 걱정스러운 것이 바로 이러한 폭력이 아닌가 한다. 민주주의 구호를 외치면서 사람들이 가장 비민주적인 방법으로 행동하는 것이 그것이다. 지난 시대가 그러 했으니까 지금도 그런 방법을 쓰지 않고는 일이 해결되지 않으리라는 고정관념에서 민주적인 절차를 무시하려는 태도야말로 민주주의에 역행하는 아니 민주주의를 포기하는 것이 아니겠는가!

지금 우리사회에는 분명히 과거의 독립운동이나 민주운동의 사고를 그대로 지닌 채 폭력적인 방법이나 혁명적인 방법으로 나라의 앞날을 뚫어나가야 한다는 급진적 사고와 행 동을 하는 사람들이 있다고 본다.

흔히들 정치인들이 〈달라진 것이 아무것도 없다〉 하지만 우리네 소시민의 입장에서 본다면 〈달라져도 많이 달라졌다〉는 것이 솔직한 느낌이다. 달라지지 않은 것이 있다면 오히려 정치인들 사회에서의 관행들뿐이 아닌가 한다.

이른바 민주사회라는 곳에서 오래 생활하다 온 사람의 설명에 따르면 과거 우리나라 대학생들의 데모모습을 볼 때 이해되지 않는 점이 많았다고 한다. 특히 그 많은 대학생들이 모두가 같은 생각만은 아닐 텐데 어째서 한 목소리의 데모대만 있고 그 반대의 소리는 없느냐는 것이다.

어째서 민주주의를 신봉한다면서 자기들의 데모대에 참여 않는 학생들의 수업을 방해하면서 끌어내어야만 하느냐는 것이다. 한마디로 반대의 목소리는 없느냐는 것이다.

평화로운 자기의사의 표현으로 데모를 할 수는 없느냐고 묻고 싶다. 독재의 방법은 한날 한시에 무슨 일이든지 이루어낼 수 있지만 민주주의 길은 그럴 수가 없다. 거기에서 개인의 인권과 자유가 지켜지는 길이 그것이다. 그리고 민주의 방법은 어디까지나 민주적이어야 한다. 폭력에 의한 민주주의는 결코 그 생명이 길 수 없다는 것을 명심해야 한다. 거듭 말하거니와 민주주의(民主主義)는 민주적인 방법으로 이루어 나가야 한다. 결코 혁명이나 폭력의 방법으로는 이루어질 수 없다는 것을 명심해야 할 것이다.

나라는 백성을 근본으로 삼고

◆ ◆ ◆

세종대왕은 권농교본(勸農敎本)에서
민이식위천(民以食爲天)
농업은 입고 먹는 것의 근원이므로
나라는 반드시 농업을 우선하여 다스려야 한다고 하셨다.
몇 백 년의 세월이 흘러도
나라의 근본이 백성이라는 진리는 변하지 않는다.

나는 요즘 땀 흘려 농사일을 돌보는 농부의 심정으로 농가월령가 10월령을 작품으로 쓰면서 새삼 농사에 대해 다시 생각해보는 기회를 가질 수 있었었다.

〈농사〉라고 하면 길고 긴 하루 쉴 새 없는 밭일에 땀으로 흙을 적시고 숨 막혀 기진하다가도, 변변한 반찬 하나 없지만 새참막걸리 한잔에 잠시 시름을 잊는 근면하고 소박한 농부의 모습을 떠올리곤 한다. 별난 욕심 없이 그저 익어가는 벼와 작물로 가득

한 평화로운 논밭을 바라보는 해맑은 웃음의 농부가 연상되곤 한다.

그러나 막상 현재 우리나라 농촌을 눈여겨보면, 고단한 삶에 쫓겨 피폐해진 실상을 발견하게 된다. 통계청이 발표한 〈2013년 농림어업조사 결과〉에 따르면, 현재 우리나라 농민 인구는 300만 이하이고, 농민의 연령은 50대 이상이 무려 64.2%를 차지하며 평균연령은 63.7세로 고령화가 급속도로 진행 중이라 한다. 더구나 농축산물 판매에 의한 연간 농가소득이 겨우 1천만 원 미만인 농가가 무려 65.4%에나 이르러 또 다른 88만원 세대의 빈곤하고 서글픈 단면을 보여준다. 이러한 농촌의 노령화와 노동력 부족은 농가 빈곤과 맞물려 악순환을 되풀이하고 있는 실정이다. 더구나 OECD회원국가 중 국민, 노인, 청소년자살률 1위의 오명 속에 농촌 노인의 자살도 증가하고 있다. 이런 추세대로라면 머지않아 농민이 씨가 마르지 말란 법이 없다.

우리나라는 수출 위주의 급속한 경제성장과 산업화를 위해 산업현장의 저임금 구조를 만들면서, 이 저임금 구조를 유지하기 위해 낮은 농산물가격 정책을 고수하여 농업을 희생시켜왔다고 전한다. 그 결과 지금 시장에서는 우리 농산물이 자취를 감춰버리고 원산지 불분명의 수입농산물이 넘쳐나는 심각한 먹거리의 위기상황이 초래되었다. 심지어 국가안보와 직결되는 식량자급도(自給度)는 25% 안팎으로 OECD 국가 중 최하위 수준이라 한다. 이런 현실을 외면한 채 수출만이 살길이라고 일방적으로 몰아가는 것은 이미 설득력을 잃었고, 수출에 의존한 경제성장은 오히려 한계에 봉착했다는 주장이 대두되고 있다. 이제는 공존, 공생을 위해 진정 무엇이 필요한지 원점에서 다시 진지하게 고민해야할 시점에 와있다.

최근 가난한 집 맏아들 99%는 왜 가난한가?
〈유진수 지음 한국경제신문사 2012〉라는
책이 출간된 적이 있다.

　이 책은 혼자 대학가서 성공한 가난한 집 맏아들을 예로 들어, 맏아들이 나머지 가족에 대해 어떤 의무를 지는지에 대해 경제 원리로 따져 보았다고 하는데, 이는 국가적인 특혜와 근로자, 농민 등 서민의 희생을 통해 현재의 부를 축적한 한국의 대기업과 산업계에 일종의 경종이 되어 시사(示唆)하는 바가 크다. 본인도 가난한 공직자의 집 7남매 중 맏아들로 태어나 파란의 삶을 살아왔고 칠순을 넘긴 지금까지도 맏아들로서의 도리를 지키기 위해 노력하고 있다. 일개 필부도 이러할진대, 하물며 대기업의 국민에 대한 사회적 의무와 도리의 막중함은 아무리 강조해도 지나치지 않을 것이다.

　몇 백 년의 세월이 흘러도 나라의 근본이 백성이라는 진리는 변하지 않는다. 국가를 지탱하고 기업의 부를 창출하는 서민들의 먹고 사는 문제, 건강문제가 정치 경제의 최우선 과제여야 함은 두말할 필요도 없다. 이런 이유로 우리나라 농업이 안고 있는 절박한 문제를 소홀히 할 수 없는 것이다. 장기적인 경제 불안정 속에서 서민들이 고통 받고 있는 요즘 여·야 정치권과 경제계의 수장(首長)들은 이 세종대왕의 말씀을 더욱 깊이 새겨주기를 바라는 간절한 마음이다.

누가 花無十日紅이라 했나!

2019. 03. 06 목요저널 조종국 칼럼

◆ ◆ ◆

문재인 대통령이 제2기 내각구성을 위해 지명한 장관 후보자 7명 중 최정호 국토교통부, 조동호 과학기술정보통신부 장관 후보자가 낙마했다는 언론 보도가 있었다. 특히 이 가운데 조동호 장관 후보자는 문재인 정부 들어 첫 번째 지명철회 사례로 기록된 후보가 됐다.

화무십일홍(花無十日紅)이란 말이 있다. 이는 사람이 무소불위의 권

력을 쥐고 나면 오만과 독선에 빠지기 쉬우므로 이를 경계하라는 뜻이 담긴 말이다. 열흘 붉은 꽃이 없고 달이차면 기운다는 만고불변(萬古不變)의 진리를 특히 선거를 통해서 당선된 정치인들은 항상 염두에 두어야 할 것이다.

이 말은 또 권력 앞에서 겸허한 자세로 임한다면 훗날 권력을 놓은 이후에도 상대방으로부터 존중과 이해를 얻을 수 있다는 교훈을 전해주기 때문이다.

304여 명의 사망자가 발생한 세월 호 사건 이후 국민애도기간 중에 치러진 6.4 지방 선거 결과가 바로 이러한 화무십일홍(花無十日紅)의 냉엄한 가르침을 다시 한 번 뼈저리게 깊이 새겨주고 내년에 있을 국회의원 선거에도 그 결과가 확인될 것이다.

촛불 혁명으로 출범한 문재인정부와 여·야 정치권은 보수와 진보, 서로 헐뜯지 말고 미래를 위한 경쟁을 벌이고 서로가 아우르는 국민 대통합의 정치, 화합과 소통으로 국민들 의 눈높이에 맞는 새로운 정치를 펼쳐야 할 것이며 이에 따른 탕평(蕩平)인사도 단행되어야 할 것이다. 정치도 사람이 하는 것이다. 국민들 의식도 많은 변화를 가져왔다. 한마디로 시대에 걸맞는 정치가 펼쳐지고 능력 있는 숨은 일꾼들이 발굴돼 탕평인사까지 이루어진다면 그게 곧 국민대통합을 이루는 선진정치가 아닌가 싶다.

사람 쓸 때 지·사·공(志事功), 세 가지 기준 살펴

중국 진(秦)나라 때 사계절(四季節)의 순환과 만물의 이치와 변화, 인사(人事)로 인한 치
란(治亂)과 흥망
성쇠, 길흉의 관계
를 기록하고 있는
여씨춘추(呂氏春
秋)에도 태상이 사
람을 쓸 때는 지·
사·공(志, 事, 功)
이 세 가지 기준을
들었다. 첫째는 뜻
(志)에 두었으며 둘째는 일(事)로 삼았고 셋째는 공(功)으로 썼다고 한
다. 뜻은 덕을 존중하여 탕평(蕩平)의 인사로 백성들을 다스리게 하였
음이요. 일(事)은 능력 있는 인재를 찾아내 일로써 백성을 다스리게 하
였음이며, 공은 공을 이룬 사람에게 내리는 상(賞)과 같이 보은(報恩)
의 인사와 같다고 하였다.

따라서 순리(順理)라든가 안정이라는 말을 쓰게 될 경우 그 실상은
다름 아닌 모든 자리가 제대로 잡힌 상태를 지적하는 의미로 볼 수 있
으니, 한 가정이나 한 직장, 더 나아가 한 나라에서 모든 자리를 앉을
사람 그 한사람에게 앉도록 해야만 될 것이다.

가까운 예로 어느 가정에 들어섰을 때 그 집의 가구나 집기들이 제대
로 놓일 자리에 잘 정돈되어 있을 경우, 우리는 조화와 안정의 분위기
를 느낄 수 있는 것처럼, 그렇지 않고 무질서하게 뒤죽박죽 배치한 가
정에서 알게 모르게 불안과 불편까지도 느끼게 마련이다.

하물며 한 직장, 한 나라의 요직이나 자리를 정함에 있어 적재적소나 인선의 타당성을 무시하고 무분별하게 기용하는 경우, 그 부작용과 역기능은 언젠가 그 직장인, 그 국민에게 피해로 돌아갈 것은 자명한 노릇이다. 심한 경우 위인설관(爲人設官)의 흠도 나오기 마련이다. 과거 인사는 만사라고 했던 김영삼 대통령의 문민정부가 출범 이후 가신(家臣)들 위주의 인사야 말로 그리 보기 좋은 예(例)가 아니었다.

오만과 불통은 국론분열과 신뢰를 떨어트려

무릇 옛사람들은 위정자가 써야 할 사람을 찾지 않는 것도 잘못이요, 써야 할 사람을 너무 일찍 버리는 것도 잘못이라고 했다. 지난 박근혜 정부와 자유한국당도 마치 영원한 권력을 거머쥐기라도 한 듯 국민의 참뜻을 외면한 채, 불통의 정치로 시대착오적 국정운영을 고집하다 심각한 국론분열과 사회적 신뢰를 잃고 급기야 최순실 국정농단사건으로 탄핵되고 박근혜 대통령이 옥중생활을 하고 있지 않은가!

촛불혁명으로 출범한 문재인정부와 여당도 대선공약으로 제시한 국민대통합의 정치를 펼치고 민생현안문제 등 국정전반에 걸쳐 해야 할 일이 산적해 있다는 것을 간과해서는 안 될 것이다. 그러나 앞에서 말한바와 같이 지금 가장 화급한 것은 대선 후 여·야 양극화로 인해 양분된 국민들의 정치적 성향을 하루 속히 벗어나 국민대통합을 이루는 일과 이를 위한 탕평의 인사로 그동안 유례없는 공직사회 분위기를 일신하는 일일 것이다.

그리고 비록 작은 사안이라 할지라도 관계 부처와 각 광역단체와 기초단체, 지방의회 또 다른 정당 간에도 견제와 협력을 통해 합리적인 접점(接點)을 찾아가는 과정이 곧 문재인 정부의 성공이요 민주주의의 실현이라고 생각한다. 또한 경제. 교육, 문화, 복지 등 당면한 현안들을 균형 있고 공정투명하게 풀어가도록 최선을 다하겠다는 다짐을 했으면 한다.

중국 진(秦)나라 유명한 정치가 상앙(商鞅)이 남긴 상군서(商君書)에는 백성이 싫어하는 일을 정치가 행하면 백성이 약해지고 백성이 좋아하는 일을 정치가 행하면 백성이 강해지고 나라도 강해진다 했다. 정치권은 이 화무십일홍(花無十日紅)의 가르침을 깊이 새겨 항상 스스로 삼가는 마음을 잃지 않기를 바라는 마음이다.

대립된 양극을 부정하면서
새 질서는 탄생하다

❖❖❖

우리가 역사에서 배우는 것은 눈에 안 띄게 다가오는 변화와 발전에 대한 통찰력을 가지기 위한 것이다. 이러한 변화의 기미를 통찰하는 것이 예리한 역사 감각이며 이 변화를 남보다 앞서 예감한 사람이 새 시대의 선도자가 되는 것이다.

그러나 물욕이나 권력욕에 눈이 먼 탐욕스러운 사람들은 기득권(既得權)에 연연한 나머지 역사의 변화를 보는 눈을 가지지 못한다. 〈헤겔〉은 세계사적 개인을 새 시대의 통찰자라고 했다. 새로운 가치질서는 구체제(舊體制)가 정체(停滯)되기 시작할 때 그 좌절과 황폐(荒廢) 속에서 싹트기 마련이다. 그러므로 새 질서는 흔히 구시대의 대립된 양극을 모두 부정하면서 탄생하는 것이다.

오늘 우리나라의 국내정치와 경제도 많이 변하고 있다. 이번 촛불혁명으로 출범한 문재인 정부도 앞으로 있을 제21대 국회의원 선거를 앞두고 오랜 여야 관계의 낡은 통념이 서서히 바뀌고 반독재 민주화 투쟁의 상징으로 높은 국민적 지지 기반을 누렸던 야당지도자의 신화(神話)도 점점 깨져가는 형국이라는 것을 깊이 인식해야 할 것이다. 각 정당들은 지금 민심의 소재조차 모르고 국민들의 의식과 새로운 변화에 대한 방향감각마저 상실돼 고민하고 있는 것이다.

그리고 우리 경제도 지난날 외국의 원조로 연명해 오던 시대의 한국이 아니라 국민소득 2만 달러 이상의 선진공업국가로 비상하여 중산층의 폭이 두꺼워진 게 사실이다. 아직도 정치적인 구조적 문제와 각종 규제문제, 비핵화 문제, 부조리한 경영풍토, 노사분규, 젊은 세대의 취업난 등 허다한 문제를 산적하게 안고 있으나, 경제개발에 성공한 나라로 세계의 각광을 받고 있다는 사실을 인정하는데 인색해서는 안 될 것이다.

그러나 물량주의적 고도성장을 서두르며 인간과 윤리의 문제를 등한시하는 사회에서는 반드시 국민들의 상대적 빈곤감이 깊어지고 소득격차로 사회계층간의 갈등대립이 생기게 되기 마련이다. 촛불혁명으로 출범한 문재인정부와 여·야 정치권은 소수에만 부(富)가 편중된 소득구조를 서서히 시정하면서 자유경제의 잇점을 살린 활력 있는 복지국가의 비전을 마련하여 근면과 능력에 의해 치부할 수 있는 활력 있는 사회를 만들고, 정당한 경쟁으로 각자의 능력이 충분히 발휘될 수 있고 그에 대한 응분의 보상을 받을 수 있는 공정하게 분배되는 정의의 사회를 구현하는 일이다.

그리고 이와 같이 활력 있는 자유 경제에 기초한 민주적 복지국가의 건설을 위해 정치권은 권력형 치부풍토의 쇄신을 위한 상징적인 결단을 보여주고 그 제도적 장치를 마련하는 일도 주저하지 말아야 할 것이다.

민주주의의 기본원리는 권력분산이며 집권당이 야당에 의해 견제되는 권력균형의 체제이다. 너무나 자명한 일로 야당의 존재이유는 여당의 권력남용은 물론 권력형 부패를 감시할 수 있고 사회가 썩지 않게 해주는 소금의 역할을 하는 것이다. 따라서 집권당은 야당의 존재가치를 인정하는데 있어서 자기 당이 실정(失政)으로 물러날 때 믿음직한 후계정당으로 키우는 아량도 필요한 것이다.

이러한 변화와 함께 정치권과 국민 모두는 지난날 적폐를 하루속히 깨끗이 청산하고 함께 잘 살 수 있는 복지국가를 건설하는 거룩한 마음의 자세로 변해가게 되기를 기대하는 마음 간절하다.

예술이 일렁이는
대전사랑 의정발전을 위한
원로, 중견 39인 작품전

◆ ◆ ◆

2019년 봄, 우리 대전에는 새봄 따라 그 어느 해보다 예술이 신명나게 일렁이는 해인가 보다. 우리 곁에는 일찍 사라져간 그리움과 사무침이 못내 아쉬워 새 봄 따라 눈이 부시도록 신선한 꽃이 피어오르고 있지 않은가! 이 신선한 꽃바람은 바로 대전사랑 의정발전을 위한 지역의 원로, 중견작가 39인이 마련한 특별한 작품전이 아닌가 한다.

평소 지역문화발전을 위해 헌신해 오고 있는 지역의 원로, 중견 작가 39인은 대전광역시 의정회가 2016년부터 정부의 방침에 따라 예산 지원이 중단되어 지역발전과 의정발전을 위한 목적사업 추진에 큰 어려움을 겪고 있다는 안타까운 사정을 접하고 이를 돕기 위해 수준 높은 작품을 흔쾌히 기증해 주셨다.

내가 회장을 맡고 있는 사단법

인 한국예술문화진흥회는 이 지역의 원로, 중견작가 39인이 기증한 수준 높은 작품으로 전시회를 마련하고 전시회에서 판매된 수익금 전액을 대전시 의정회에 기탁하고자 마련된 뜻 깊은 전시회다.

당초 이 기증 작품전은 대전시의정회에서 주관하기로 계획된 전시였으나 의정회가 예술단체가 아닌 관계로 2018년 대전문화재단 예술지원 사업심사에서 제외되었던 예술행사였기 때문에 2019년 들어 내가 이사장으로 있는 사단법인 한국예술문화진흥회로 하여금 다시 지원을 신청해 대전문화재단 지원 사업으로 선정된 것이다.

대전광역시 의정회는
1. 시정발전에 기여할 수 있는 정책의 연구와 제안
2. 사회복지연구 및 홍보
3. 지방자치발전 및 의정발전을 위한 연구 개발
4. 국제협력증진을 위한 사업 등
지방자치발전과 대전시민의 복리증진에 기여함을 목적으로 1996년 설립하고 현재 대전광역시 의회 1층에 사무실을 두고 활동해 오고 있다.

내가 대전시 의정회장을 맡은 해는 2014년(2014. 08. 26 법인등기)이다. 당시 대전시 의정회는 대전시로부터 해마다 시비 지원을 받아 목적사업인 〈지방의정발전세미나〉 〈의정회보 발간〉 〈불우이웃돕기〉 등 정기적인 사업을 추진해왔다. 이처럼 활발하게 의정활동을 펼쳐오던 각 시·도의정회와 시·도 행정동우회가 2016년부터 행정자치부의 방침에 따라 예산지원이 중단된 것이다. 이로 인해 3년 가까이 의정회를 이끌어 오는 동안 솔직히 개인적으로 너무 부담이 컸었다.

나는 팔자소관인지 모르겠으나 경제인도 아니고 예술인이다. 예술인으로 예산지원이 중단된 상태에서 대전시 의정회를 이끌어 온다는 것은 그리 쉬운 일이 아니었다. 한마디로 시간제 급여를 지급해 온 사무실 간사 급여조차 제대로 조달하기 어려운 실정이었다.

이러한 사정을 깊이 고민한 끝에 지역의 미술계의 원로, 중견작가 몇 분에게 실토하게 되었다. 이 딱한 사정을 알게 된 지역의 원로, 중견작가 39인이 이를 돕기 위해 수준 높은 작품을 흔쾌히 기증해 주었다. 그리고 기증된 작품으로 전시회를 열고 전시회에서 판매된 수익금 전액을 대전시 의정회에 기탁하게 된 것이다.

우리 곁에서 일찍 사라져간 그리움과 사무침이 못내 아쉬워 새 봄과 함께 눈이 부시도록 피어오르고 있는 저 신선한 꽃바람처럼 이 뜻 깊은 지역의 원로, 중견작가 39인의 작품전이 성공적으로 개최되고 당초 목적대로 의정발전 기금이 모아져 목적사업에 효율적으로 활용할 수 있게 되었다. 이 뜻깊은 전시회가 앞으로 대전발전의 다양한 문화운동으로 승화 발전되어 계속 이어졌으면 하는 간절한 마음이다.

작품기증 출품작가 (가나다)
강규성. 강현인. 곽영수. 구경회. 김두한. 김배희. 김지은. 김해선. 민동기.
박관우. 박명규. 박상인. 박승배. 박은미. 박영선. 박진현. 박정민. 박홍순.
박홍준. 백향기. 서성관. 오보환. 유병호. 이　동. 이미숙. 이명자. 이영우.
임진우. 이재호. 이종필. 임재우. 전　영. 정명희. 정장직. 정지광. 정황래.
조은자. 조종국. 조태수.
위 분들께 다시 한 번 감사를 드린다.

미세먼지와 민심(民心)

◆◆◆

한국 경제가 선진국의 영역에 발을 들여 놓았다고 한다. 한국의 1인당 국민총소득이 마침내 3만 달러 고지를 넘어섰다. 하지만 숫자와 달리 국민이 느끼는 체감경기는 싸늘하다. 전문가들은 한국 경제가 저출산과 저성장, 고용과 소득의 양극화 등 구조적 문제를 해결하지 않고선 그 다음 단계의 성장을 맞이할 수 없을 것이라고 지적하고 있다.

2019년 3월 5일 한국은행이 발표한 2018년 4분기 및 연간 국민소득 잠정치 발표에 따르면 지난해 1인당 국민총소득은 3만 1349달러로 전년 2만 9745달러 보다 5.4% 늘었다고 발표했다. 주원 현대경제연구원 경제연구실장은 〈국민소득 3만 달러에는 진입했지만 환율 등의 요인

으로 인해 후퇴할 수도 있다〉며 〈새로운 먹거리 산업을 찾아 성장률을 끌어올려야만 1인당 국민소득 3만 달러를 넘어 4만 달러까지 갈 수 있다〉고 말했다.

 하지만 지금 우리나라의 경제전망은 지속적인 경제 불황으로 앞이 여간 어두운 것이 아니다. 거기에다 정치권은 대통합의 협치는 고사하고 양극화로 치닫고 온 사회는 적폐청산이다. 흉악범과 경제사범, 부정과 사회불안으로 뒤범벅이 되고 계층 간 빈부의 위화(違和)감과 갈등(葛藤)이 이미 위험수위에 와있는 느낌이다.

 따라서 사회 일각에서 한결같이 인간성 회복, 도덕심회복 등을 강조하고 나오는 것부터가 결코 우연한 일이 아니다. 이것이 곧 민심(民心)이요, 천심(天心)인 것이다. 수년전에 실시한 〈범죄와의 전쟁〉은 이렇다 할 성과도 못 거둔 채 계속 숙제로 이어져 왔는가하면 이제는 미세먼지로 숨쉴 공기마저 수준이하라 하여 도처에 푸념이 무성하다.

 정치가 국민의 불신 속에 허우적대고 사회는 계층 간 갈등이 심화되고 심화된 빈부의 격차와 사회 부조리로 오염되어 있는 판에 민생치안(民生治安)인들 온전할 리가 없다. 연일 노동단체의 데모에다 여자들이 마음대로 걸어 다닐 수 없고 어린 생명과 청소년들이 하찮은 탐욕의 제물이 되는 사회는 아무리 물질적 풍요가 있다 해도 결코 우리가 이상(理想)으로 여기는 사회라 할 수 없다. 아니 사회양극화로 이대로 가다가는 사회공동체의 와해가 우려된다는 막말까지 나오고 있는 현실이다. 정치권은 사명감과 도덕성이 없고, 공직사회에 부조리가 판을 치며 가진 자의 경제윤리, 거리의 교통질서 그리고 사소한 공중도덕에 이르기까지 가치와 규범이 실종돼가고 있는 것 또한 부인하기 어렵다.

크든 작든 범죄에 대한 공포를 평소에 느끼며 산다는 국민이 대다수에 이르고 있으니 참으로 섬뜩한 느낌을 준다. 잘못을 저지르고도 죄의식을 느끼기는커녕 〈어차피 막판인데 뭘〉하는 식의 자학(自虐)이 죄의식을 마비시키고 있는 것이다.

이른바 가진 자들이 더불어 함께 잘사는 사회를 등한시하는 것부터가 큰 문제다. 촛불혁명으로 탄생한 문재인 정부는 출범 이후 협치를 강조해 오면서도 국민대통합의 정치는 멀리하고 적폐청산 문제, 비핵화 문제, 남북문제, 소득주도 성장문제에만 집중하고 경제 불황, 실업대란, 사회양극화문제 해결을 등한시하고 우왕좌왕(右往左往) 날로 더 심화돼가고 있는 현실을 어찌할 것인가.

이런 사회병리(病理) 못지않게 많은 공해(公害)로 국민의 목을 죄고 있는 것도 이제는 더 간과하지 못할 한계에 이르고 있다. 민생치안 다음으로 시급히 해결해야할 과제가 〈환경보전〉이라 할 만큼 전국이 미세먼지 공해에 찌들고 있으나 정부는 여전히 손도 못 대고 안전 문자만 보내고 대책수립에만 급급하고 있는 모습이 역력해 보인다.

언젠가 환경부가 〈환경보전에 관한 국민의식조사〉를 한 결과 〈환경오염으로 심각한 피해를 받고 있다〉고 응답한 사람이 전체의 70%에 달하는 것으로 발표한 적이 있다. 더욱 놀라운 것은 정부의 환경보전

노력이나 오염 수치발표 등에 대해 76%가 불신하는 대답을 하고 있다는 사실이다. 우리 사회가 안고 있는 병리(病理)현상을 이대로 방치할 수는 없다. 하기에 따라서는 영영 구제의 가망이 없는 것도 아니다.

지난 50여 년 동안 쌓여온 산업화시대의 적폐를 하루빨리 씻어내고 〈밝은 사회〉를 약속하는 한 가닥 희망을 가져본다. 진작부터 국민의 눈높이에 맞는 정치를 펼쳤더라면 정치의 간단없는 파행(跛行)과 공직자의 부패, 이로 인한 민관(民官)의 이간(離間)인 불신이 오늘에 이르지는 않았을 것이기 때문이다. 민생치안 또한 전쟁을 선포할 만큼 나락에 빠지지는 않았을 것이다.

뜻이 있는 곳에 길은 있게 마련이다. 권력의 도덕성을 회복하고 분배정의(分配正義)를 과감히 실현하는 것도 시급한 일이다. 이에 덧붙여 집권(執權)으로 쌓인 갖가지 폐해들을 청산하고 현재 국회에 계류 중인 자치분권(自治分權) 등 입법으로 풀어보는 것 또한 슬기일 수가 있는 것이다. 마음 놓고 살 수 있는 사회가 바로 국민 모두가 바라는 민주복지국가의 사회가 아니겠는가.

베트남 북·미 정상회담을 보면서
6.25와 우리의 자세

◆ ◆ ◆

 2017년 6월 25일, 서울잠실 실내체육관과 전국 각 시·도 자치단체에서 6.25 전쟁 발발 67주년 기념식을 열었다.

 6.25 전쟁 67주년을 맞아 북한의 김정일이 사망한 때, 당시 남한에서는 조문단 보내기 등의 문제로 국회에서부터 찬반양론이 분분하더니, 몇 개 대학에서는 분향소까지 설치하는 등 일간신문기사 내용이 주마등처럼 스쳐간다.

당시 뒤늦게나마 정부가 〈김일성은 민족분단의 고착과 동족상잔의 전쟁을 비롯한 불행한 사건들의 책임자〉라는 입장 정리로 끝내기는 했지만 도대체 아직도 남한에는 주사파니 해서 이북을 찬양하고 옹호하려는 세력들이 상당수 있다는 것부터가 심각한 현상이 아닐 수 없다.

무려 49년간, 그러니까 해방 후 1인 독재로 북한동포를 혹은 총칼로, 혹은 감언이설로 꽁꽁 묶어놓고 백성을 마치 집단농장의 일꾼들인지 군병영의 사병들인지 분간이 안 가게 마음대로 지배해온 김일성은 6.25의 전범이며 아웅산 사태, KAL기폭파사건, 판문점도끼 만행사건, IAEA탈퇴 등 이루 헤아릴 수 없는 역사적인 죄과와 만행을 저질러온 북한의 괴수에게 앞으로의 남북정상회담의 성과를 위하여, 조문도 가야하고 조의도 표해야 한다는 당시 정치인의 발상은 아무리 이해하려고 해도 나이 든 세대는 납득이 안된다.

물론 조문이 꼭 애도의 차원을 떠나 외교적 의례적 성격이 없는 바는 아니나 저들이 항상 노동신문 등에 발표한 내용만 보더라도 예나 지금이나 우리 한국을 정통적인 국가로 인정하려고도 아니하는 태도를 우리는 주시해야 한다.

따라서 남북관계에 관한한 우리는 추호도 서두를 게 없다. 트럼프 미국대통령이 정치적인 이해관계로 앞서 나가더라도 저들보다 수십 배 높은 국민의 경제적 여건이나 숱한 대가를 치르고 역사적·정치적 시련을 극복하여 정통적 정부를 탄생시킨 민족적 저력이나 우리가 굳이 북한의 눈치나 보고 아쉬운 소리를 할 처지는 절대 아니다.

따라서 저들이 핵을 가지고 장난을 치는 것도 국제적 여론과 감시 등

한계가 있으니 제2차 베트남 북·미 정상회담을 지켜보면서 우리 정부도 구태여 서두를 게 없고 대북자세도 의연하고 냉철한 입장을 견지해야 할 것이다.

더구나 김일성과 김정일보다도 더 강경 노선을 걷고 있는 김정은 체제에 우리가 공연히 내부분열이나 허점을 보인다면 걷잡을 수 없는 혼란과 불안만을 초래할 것이 뻔하니 오히려 김정은 체제에 강한 경계심을 보이고 〈이에는 이, 눈에는 눈〉 식으로 대처해 나가야 할 것이다.

문재인 대통령도 트럼프 미국대통령과의 정상회담 이후 당면한 북핵문제와 사드문제, FTA 재협상문제 등 굵직한 현안 문제들을 서두를 게 아니라 하나하나 순리적으로 풀어가야 할 것이다.

오랜 기간 유지되어 온 한-미 양국 간 동맹관계에 균열이 생기지 않기를 기대한다. 우리에게 통일은 민족지상의 염원이나 섣부른 통일보다는 우리만이라도 자유민주주의를 수호하고 인간답게 사는 길이 더 큰 과제이다. 긴밀하고 굳건한 자세로, 한미 관계가 깊은 신뢰를 바탕으로 유지되기를 국민의 한 사람으로 기대하는 바이다.

불균형의 서울집중화 문제

◆◆◆

어제 오늘 일이 아니다. 나는 솔직히 대전에서 어쩌다 서울에 가면 골치가 아프다. 서울은 우선 교통이 너무 복잡하고 사람이 너무 많아 딱 질색이다. 어디 그 뿐인가 서울은 공기도 나쁘지만 여기저기 소음도 대단하다. 솔직히 내가 승용차를 가지지 않고 그냥 서울에 가서 돌아다닌다면 단 하루도 견디기 어려울 정도로 서울은 불편하다. 하긴 승용차를 가지고 가도 주차난이 이만 저만 심각한 게 아니다.

이래저래 서울은 거의 정(情)이 없는 복잡한 도시인데 그래도 한국에서 무슨 일을 도모하자면 서울을 무시하고는 되는 일이 거의 없다. 그

제3부_ 정치와 문화예술

만큼 서울은 정치, 경제, 사회, 문화, 교육 등 모든 분야에서 중앙집권 체제로 행사하는 곳이니 서울에 안 가고 무슨 일이 잘 풀릴 수 없는 건 당연한 노릇이다.

21세기 현대화의 물결 속에서 너나 할 것 없이 많은 사람들이 시골을 버리고 도시로 특히 서울로 옮겨 갔으니 도시나 서울은 하루가 다르게 인구가 늘어 서울집중화 현상이 생긴 것이다. 물론 이는 세계적인 추세라 하겠지만 국토도 좁은 우리나라의 경우 서울에만 전체 인구의 30% 가까이 몰려 산다는 것은 이상 비대 정도가 아니라 일종의 기현상 혹은 병적인 상황이라고 아니할 수가 없다.

어디 인구뿐이겠는가. 국내 총생산도 30% 이상 차지하고 있고 세금도 서울사람이 어마어마하게 물고 있다고 한다. 가령, 법인세의 경우 서울에서만 75% 이상을 내고 있고 은행 예금고도 60%, 은행 대출 55%

등을 보면 돈도 서울에 전국의 반이 넘게 몰려 있으니 나머지 도시나 시골은 그 반도 못되는 돈을 가지고 찢어 쓰고 있는 셈이다.

그러니 과연 서울민국이라고 할 만한 서울집중화 현상이다. 예로부터 〈아들을 낳으면 서울로 보내고, 망아지를 낳으면 제주로 보내라)는 속담이 있다고는 하지만 이토록 엄청난 서울 집중은 국가의 균형발전과 도농(都農) 간의 조화로운 개발이라는 명제를 놓고 봐도 확실히 큰 문제가 아닐 수 없다.

그리고 특히 내가 몸담고 관여하고 있는 문화예술분야에 있어서는 특히 서울 집중화 내지 중앙집권현상이 더욱 두드러진다.

각 장르별 예술분야인 미술, 음악, 영화, 연극, 문학, 무용 뿐만 아니라 전통예술분야 등, 어느 분야 할 것 없이 우리나라의 저명한 문화예술인은 서울에 집중해 살고 있는데다 각종 문화예술단체도 역시 서울에 다 모여 활동하고 있는 실정이다. 따라서 인구의 서울집중화도 문제지만 문화예술의 서울집중현상도 지방 문화예술의 건전한 발전이란 측면에서 큰 문제가 아닐 수 없다.

더구나 지방자치제 실시로 크게 고무되고 기대했던 역사적인 전기가 30년 가까이 된 이 시점에도 변하지 않고 구태의연하게 서울 중심, 중앙집권형태의 구태의연한 권위주의를 벗어나지 못하고 있는 오늘의 현실을 하루 빨리 지방분권화로 시정, 정착시켜야 할 것이다.

정부는 2019년 3월 26일 지방자치법전부 개정 법률안을 제12회 국무회의에서 의결하고 곧 국회에 제출할 것이라고 밝혔다. 1988년 지방자치법 제정 이후 30년 만에 지방자치법전부 개정안을 입법예고하고 법제처 심사 등을 거쳐 국회에 제출하는 개정안이 제발 문화예술의 발전도 다른 분야 못지않게 국민의 정서함양과 건전한 정신개발을 위해 시급한 과제이기 때문에 서울과 지방의 균형 있는 법안으로 제출되어 실현되기를 바라는 마음 간절하다.

새천년을 열어가자!

◆◆◆

노자(老子)는 도덕경(道德經)에서
태상, 부지유지, 기차, 친이예지, 기차, 외지 기차,
모지 신부족언, 유불신언. 유혜, 기귀언. 공성사수, 백성개위아자연
太上, 不知有之. 其次, 親而譽之. 其次, 畏之. 其次,
侮之 信不足焉, 有不信焉. 悠兮, 其貴言. 功成事遂, 百姓皆謂我自然

가장 훌륭한 임금은 백성들이 그가 있음을 알 뿐이고,
그 다음 가는 임금은 백성들이 그를 친근히 하고 칭송하며
그 다음 가는 임금은 백성이 그를 두려워하고
그 다음 가는 임금은 백성들이 그를 업신여긴다.
그러므로 신의가 부족하면 백성들이 믿지 않게 되는 것이다.
가장 훌륭한 임금은 머뭇거려서
그 말을 귀중하게 여기고 공을 이루고 일을 완수할지라도
백성들은 다 나는 자연일 뿐이라고 말한다. 하였다.

촛불혁명으로 탄생한 문재인정부가 출범한 지 3년째를 맞는다. 문대통령은 취임 이후 재임기간 중 한결같이 국민대통합과 협치를 강조해왔다. 그렇다면 먼저 국민 대통합을 이루고 국가경제의 회복과 정치안정 그리고 북핵문제와 평화적인 남·북 문제, 적폐청산문제, 경제 불황문제, 소득주도성장 정책에 따른 최저임금 문제, 노사문제, 실업대책 등을 하나하나 풀어갈 일이다. 많은 국민들은 문재인정부 출범 이

후 특히 경제 불황에서 우리가 어떻게 벗어나느냐가 관건이 될 것이라고 예측하면서 이런 모든 일들이 우리 한 사람 한 사람은 백년을 살지 못하지만, 바로 오늘 우리가 우(愚)를 범했다가는 일백년 뒤 천년 뒤의 우리 후손들에게 해를 끼칠 수 있는 일이기 때문이다.

우리 모두 현실 정치를 살펴보자. 온 나라가 경제 불황으로 불안만 가중되고 있는 형국인데도 정부와 여야 할 것 없이 정치권은 협치는커녕 국민들로부터 지탄과 외면을 당한 채 제정신을 차리지 못하고 있다. 20대국회는 산적한 민생문제와 관련된 각종 법안은 처리하지 못한 채 양극화로 치닫고 당리당약에만 혈안이 지속되고 아직도 파열음인 것을 보면 과연 이 나라의 장래가 어떻게 되어 갈 것인지 걱정이 말이 아니다. 무슨 일이 일어날 것 같은 한 치 앞도 내다볼 수 없는 정국이다.

한마디로 정치권은 지금 민심의 소재조차 파악치 못한 채 새로운 변화에 대한 방향감각마저 상실하고 우왕좌왕하고 있는 것이다.

그리고 우리경제는 밑바닥을 치고 앞으로 닥쳐 올 제4차 산업시대의 불확실한 경제상황에다 노사문제, 실업대책문제 등 허다한 문제를 안고 있다. 정치가 경제 활성화문제를 제때 풀지 못한다면 경제개발에 무한한 잠재력이 있던 나라로 세계의 주시를 받아왔던 우리가 하루아침에 그 신뢰를 잃고 말 것이다.

또 우선하여 북핵문제다. 통일이 우리의 최대 과제인 것은 사실이다. 하지만 이 북핵문제의 평화적인 해결이 선행되지 못한다면 통일은커녕 지금 당장 통일이 된다고 해도 남과 북이 평화와 행복을 골고루 누릴 수가 없는 것은 불을 보듯 뻔한 일이다.

그 동안의 북핵문제로 인해 제한적인 남북문제를 서둘러 추진하려는 문재인정부의 외교정책에 국민들 대다수는 우려를 금치 못하고 있다.

지금처럼 우리가 직접 북측에게 준비를 강요하듯 서둘러 나설 것이 아니라 북·미 정상회담의 결과를 보면서 차근차근 그 동안 무작정 퍼주기 식의 경제적인 지원을 이제부터라도 상호주의에 바탕을 두고 지원할 수 있는 일을 하면서 북측의 변화를 기다리는 것도 백번 옳은 일이 아닌가 한다.

국민대통합을 강조해 온 문재인대통령도 온통 사회를 시끄럽게 하고 있는 적폐청산과 최저임금 인상문제로 인해 속출되는 자영업자들의 폐업으로 파생되는 경제 불안과 빈부의 격차가 심화되는 상황 등의 원인도 사회 가치질서 황폐에서 생겨난 것임을 깊이 살펴 국정을 펼쳐나가야 할 것이다.

이처럼 오늘 우리의 정치는 과연 누가 만들어 놓았던가. 비록 우리 일생은 백년을 살지 못하지만 응당 우리는 백년 뒤 그리고 천년 뒤의 우리 역사를 생각하고 살아갈 일이다. 정치인은 당장 정치적 성과만을 위해 급급해서는 절대 안 될 일이다. 역사의 준엄한 심판이 기다리고 있음을 한번쯤 생각하며 살아가야 할 것이다.

문재인 대통령과 여·야 정치권은 국·내 외적으로 어려운 정치상황을 당장 정치적 성과만을 위해 풀어나가려고 급급해서는 절대 안 될 일이 다. 역사의 준엄한 심판이 우리 모두를 기다리고 있음을 명심해야 할 것이다.

중산층 유감

◆ ◆ ◆

　우리나라에서도 자기 스스로를 중산층이라고 여기며 살아오는 사람이 지금 얼마나 될까!
　특히 국회의원 선거나 지방의회 선거 때가 되면 이 중산층의 향배가 선거를 좌우한 시절도 있었다.

　공직선거법이 정착되면서 공명선거다, 돈 안 쓰는 선거다 하면서 깨끗한 선거를 치르려는 정부나 국민의 의지가 강하면 강할수록 중산층의 표의 동향은 대부분 부동표로 둔갑하거나 예기치 않은 당락의 양상을 몰고 온다. 후보자와 웬만한 연대감이나 후보자에게 얻는 웬만한 매력이 아니고서는 〈나도 중산층인데 내가 왜 함부로 찍어, 나도 좀 더

두고 봐야지〉하는 식이다.

 따라서 중산층이 많은, 그래서 국민의 민도가 높은 나라일수록 입후보자는 돈이 안 드는 선거, 고생을 덜 하는 선거를 치를 수 있다는 점에서 우리나라에도 하루 빨리 중산층이 많아지기를 기대하는 마음 간절하다.

 그런데 문제는 자칭 자기 자신을 중산층 유권자로 자처하는 그가 과연 중산층인지, 그 이하 계층인지를 정확히 구분할 만한 표준이나 한계가 아주 애매모호하다는데 한국적 중산층에 대한 논란이 가능하다고 본다.

 중산층 이상의 자질이나 여건을 갖추고서도 자기를 중산층이 아니라고 보는 견해도 문제지만 전혀 객관적으로 볼 때 중산층의 의식이나 자질이 부족한 사람도 자신을 중산층이라고 미화하는 경향 또는 가소로운 일이기 때문이다.

 그렇다면 언필칭 한국에서의 중산층이란 대체로 누구를 말하는지 알아볼 필요가 있다.

 1) 돈이 있는 사람(월수 200내지 300만 원 이상)
 2) 2000CC 이상의 자가용 소유자
 3) 30~40평 이상 주택이나 아파트에 사는 사람
 4) 전문대학 이상 학력을 갖춘 사람
 5) 한 가지 이상의 취미생활이나 스포츠를 즐기는 사람.
 대체로 이렇게 규정하고 있다고 한다.

그렇다면 이 사람들이 과연 크고 작은 선거에 영향력을 행사할 만한 의식 있는 중산층이라고 할 수 있을까. 웬만큼 경제적으로 안정이 돼 있고 학력이 전문대 이상이라고 해서 중산층이라고 한다면 그 기준이 너무 외형적, 경제적 여건에 치중한 느낌이 들고 내면적, 의식적 삶의 태도에는 거리가 멀다고 느껴지는데, 그런 시민이 진정한 중산층이며 민주시민이라고 자부할 수 있을지 의문이다.

참고로 퐁피두 전 프랑스 대통령이 정책적으로 추구했던 중산층이며 문민정부의 민주시민이라고 자부할 수 있을지 의문이다.

퐁피두 전 프랑스 대통령이 정책적으로 추구했던 중산층의 기준을 보면,
1) 외국어 하나는 할 수 있을 것
2) 스포츠 하나는 즐길 수 있을 것
3) 악기 하나는 다룰 수 있을 것
4) 남의 집과 다른 음식 솜씨 하나를 지닐 것
5) 공분(公憤)에 의연히 참여할 것 등이다.

그리고 영국 퍼블릭스쿨에서의 중산층에 대한 기준을 보면,
1) 페어플레이
2) 자신의 주장에 떳떳할 것
3) 나만이 최고라고 독선부리지 말 것
4) 약자를 두둔하고 강자에게 강할 것
5) 불의, 부정, 불법에 의연할 것 등이다.

이렇게 본다면 우리나라 중산층의 가치 기준과 생활의 질이 무엇이 문제인가는 불문가지라고 생각한다.

성격은 운명이다

◆◆◆

〈성격은 운명이다.〉라는 말이 있다.
그 사람의 개성이나 인간성이 결국 그 사람의 현실과 그 사람의 장래까지도 좌우한다는 뜻이다.

가령, 원만하고 침착한 사람은 그가 처리하는 일도 원만하고 차근차근하게 해나가는가 하면, 까다롭고 성급한 사람은 내내 하는 일도 우여곡절이 많고 일이 끝난 뒤에도 하자가 따르게 마련이다. 서양에서도 햄릿형은 우유부단하고 내성적인 성격의 대명사로, 동키호테 형은 좌충우돌하고 변덕이 심한 외향적인 성격의 상징으로 나누고 있고, 그 두 성격이 갖는 인간의 운명이나 장래까지도 판이하게 다름은 더 말할 나

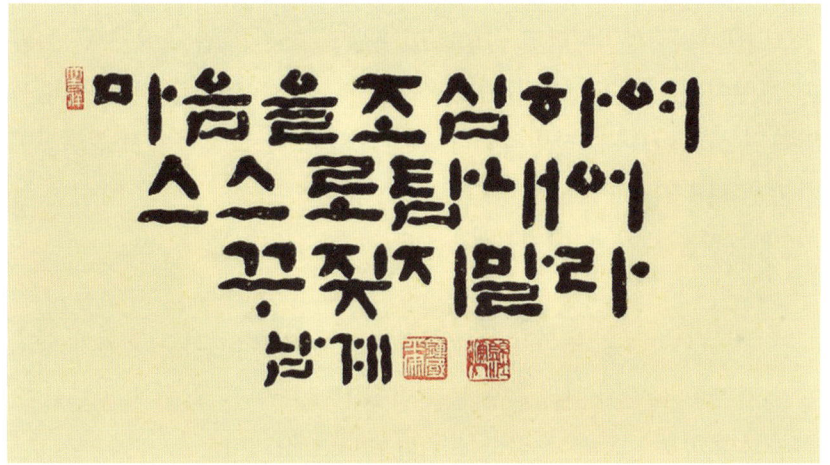

위가 없다.

하긴 사람의 얼굴이 다 다르듯이 사람의 성격이 다른 것은 어떤 의미에선 다행스럽고 재미있는 일인지도 모른다. 그래야 서로 남과 어울려 조화를 이루고 재미있게 살 수 있을 테니 말이다.

이 세상에는 총상(總相)의 통일된 아름다움이나 획일적인 이미지도 필요하지만, 그만 못지않게 별상(別相)의 개별적인 아름다움이나 조화도 꼭 필요한 것이다. 한 가지 꽃만 군생(群生)하는 모습도 장관이지만 여러 가지 모습의 여러 가지 색깔을 띤 많은 꽃들의 다양한 모습도 얼마나 아름답고 아기자기한가.

꽃이 그러할진대 사람의 성격 또한 각양각색인 것은 그대로 자연의 섭리인지도 모른다. 따라서 서로 대조적인 사람끼리, 혹은 유사한 사람끼리 서로 어울려 사는 사회야말로 자연의 꽃밭이나 숲속 못지않게 신비로운 것이다.

그런데 같은 성격이라고 하더라도 유달리 모진 사람 혹은 모난 사람은 개성이 있다기보다는 뭔가 문제가 있다고 보아야 할 것이다. 다시 말하면 사람이 너무 잔인하거나 표독스러운 것은 일종의 정신질환에 가까운 환자인 셈이다. 그렇지 않고서야 툭하면 화를 내고 앙심을 품고 제 성질을 제가 못 이겨서 노발대발할 리가 있겠는가.

원래 모난 사람은 열등아이기 쉽다는 것이다. 어려서부터 뭔가 열등감을 가지고 불만과 불안 속에서 살아왔기에 나이가 든 뒤에도 남을 미워하고 공연히 성깔을 부리는 경우가 많다는 것이다.

우리 속담에 〈모진 사람 옆에 있으면 벼락 맞기 쉽다〉는 것도 모난 사람이 자신의 주변에 아무 도움을 못주는 대신 오히려 큰 손해나 상처를 입히기 쉽다는 사례를 지적한 것이다.

매사에 자신이 있고 떳떳하여 스스로 부끄러울 게 없는 사람은 누가 화 좀 내보라고 해도 결코 화를 낼 이유가 없을 것이다. 그러나 속에든 것이 없고 자신의 역량이나 경륜도 없고 앞으로 무슨 일을 제대로 끌고 나갈만한 힘도 없는 사람일수록 성깔만 못쓰게 길들어서 툭하면 화를 내고 안절부절 하는 예를 얼마든지 볼 수 있다.

인장지덕(人長之德)이요, 목장지패(木長之敗)란 말처럼 사람은 훌륭한 사람 밑에 있으면 덕을 보고 나무는 큰 나무 밑에 있으면 작은 나무가 살 수 없듯이 우리는 모진 사람 아닌 덕 있는 사람이래야 딴 사람에게도 큰 덕을 베풀 수 있다.

따라서 모진 사람도 자기가 모진 사실을 깊이 반성하고 자기 스스로 덕과 인정을 갖추기 위하여 꾸준히 노력하는 자만이 새로운 인간으로 태어날 수 있을 것이다.

영원한 스승 JP!

❖❖❖

 2019년 6월 23일은 운정(雲庭) 김종필(JP) 전 국무총리 서거 일주년을 맞는 기일이다. 내 인생을 통해 가장 많은 가르침과 정신적인 교훈을 주고 또 인생의 희망이 돼 주신 분이다. 그 분은 파란만장한 정치인생 속에 평생 2인자로 남을 수밖에 없었지만 내게는 인생의 나침판이었고 역대 최고의 이상적인 정치지도자로 존경했던 고향의 초등학교 대 선배이시다.

 JP는 사서삼경(四書三經) 등 동양고전에서부터 어린이 동화에 이르기까지 다방면에 박학다식(博學多識)하셨다. 역사 철학은 물론이고 전문예술인 못지않은 예술성은 지닌 걸출한 정치인으로 인격적 품격에 소탈한 친화력과 범부(凡夫)가 흉내낼 수 없는 지도력을 겸비한 분이셨다. 특히 생전에 최순실 국정농단 사건과 박근혜 대통령 탄핵이라는 정치적

대혼란을 바라보며 정치인 JP가 한국정치사에 보여줬던 경륜과 지혜에 다시금 탄복할 수밖에 없었다. 그런 훌륭한 분으로부터 내가 개인적으로 많은 격려와 후원을 받기도 했기에 젊은 20대부터 50년 넘게 지녀 온 나의 존경과 흠모(欽慕)의 정은 변함이 없다.

1963년 민주공화당 창당 직후, JP는 현역 국회의원이자 당의장으로 부여지구당 위원장이셨다. 정부 여당의 제2인자로 막강한 실세였던 JP를 많은 국민들이 따랐고 JP가 한번 지역을 방문하면 부여 뿐만 아니라 주변지역 전체가 들썩였다. 그런 분이 1963년 6월, 나에게 부여지구당에서 함께 일해 줄 것을 청했을 당시의 영광스럽고 벅찼던 마음은 지금도 생생하기만 하다.

당시 민주공화당 부여지구당은 사무국장 원용운(元容雲 : 전.중소기업중앙회장) 조직부장 이재익(李在益), 선전부장 엄수남(嚴壽男) 씨가 맡았고 내가 총무담당으로 살림을 도맡았다. JP가 부여지구당을 방문할 때마다 지근에서 수행하는 것은 물론이고 수시로 서울 청구동 자택에 중요한 당무보고를 다녔다. 그러던 중 1965년 JP의 지시로 전매청산하 법인인 〈부여엽연초생산조합〉 설립 프로젝트 업무를 위임 받게 되었다. 당시 나는 비록 젊고 경험이 부족했지만 동분서주해가며 관련 법규와 세부절차를 면밀하게 검토하고 분석하여 1966년 5월, 마침내 정부로부터 〈부여엽연초생산조합〉설립을 허가받았다. 이를 계기로 나는 조합 직원으로 정식 발령을 받았으며, 더불어 지구당의 업무까지 간접적으로 관여하며 당직자들과 인연을 이어 갔다.

당시 정국은 유신정치를 획책하고 박정희 대통령은 당시 JP가 강력한 대권주자로 부상하여 유신정치에 걸림돌이 되자 JP를 자의반 타의반 해외로 내보내며 견제를 하였고, 결국 1968년 봄, 정치공작을 통해 JP를 모든 공직에서 사퇴시키고 미국 등지에 외유길로 내 몰았다.

쫓겨나다시피 미국으로 떠난 JP를 보며 억장이 무너졌던 나는 모셔오던 분과 함께 미래에 대한 희망과 삶의 목표를 잃은 듯 절망하였고, 정의감에 피 끓는 젊은 혈기로 분노에 휩싸여 안정된 직장인 부여엽연초생산조합에 사표를 던지고 말았다. 이후 나 역시 오랫동안 많은 고초에 직면해야 했다.

박정희 대통령 피살 이후 1979년~1980년 〈서울의 봄〉 정국에서 JP는 김영삼, 김대중과 더불어 유력한 대권후보로 떠올랐으나 전두환 신군부에 의해 정치활동이 금지됐다. 1997년 DJP(김대중, 김종필)연합으로 정치적 영향력을 이어갔으나 2004년 총선에서 참패해 정계를 떠나셨다.

JP는 정계를 은퇴하며 정치는 허업(虛業) 〈겉으로만 꾸며 놓고 실속 없는 사업〉이라는 유명한 말을 남기셨다. 끝내 정치권력의 2인자였던 그분을 바라보면 한편 안쓰러운 마음을 금할 수 없는 것도 사실이나 또 한편으로는 평생 자신의 삶의 철학과 신의를 지키며 군자의 길을 걸었다. 스스로 쓰라린 길을 선택했던 그분의 깊은 마음 또한 헤아리게 된다. 이것이 바로 운정(雲庭) 김종필(JP)총재, 그 분이 나의 영원한 정신적인 스승이시다.

오직 입을 지켜라

◆ ◆ ◆

오직 입을 지켜라.
무서운 불길 같이 입에서 나온 말이
내 몸을 태우고 만다.
일체 중생의 불행은 그 입에서 생기나니
입은 몸을 치는 도끼요
몸을 찌르는 칼이다.

이는 인간이 짓는 악업(惡業) 가운데 입으로 짓는 죄(罪)를 제일 크게 지적하셨다. 즉 살생유(殺生楡) 도둑질(盜) 사음(邪淫)이 가장 나쁘다고 하셨지만 그 다음으로 망언(妄言) 거짓말, 기어(綺語), 양설(兩舌) 이간질하는 말, 악구(惡口) 욕과 같은 험악한 말 등이 그것이며 그밖에 탐애(貪愛), 진(瞋) 성냄, 치암(痴暗) 어리석음 등이 있다.

이렇게 보면 망언(妄言)이나 기어(綺語), 양설악구(兩舌惡口)가 모두 입으로 짓는 죄악으로서 그것이 전체의 50% 이상 차지하고 있다는 것은 곰곰 생각해볼 문제가 아닌가 싶다.

또 우리의 옛시조 가운데 〈세

상 사람들이 입들만 성하여서 제 허물 전혀 잊고 남의 흉만 보는구나, 남의 흉 보거라 말고 제 허물을 고치고저〉하는 것이 있고 〈내해 좋다 하고 말 것이 남의 말 내하면 남도 내 말하는 것이, 말로써 말이 많으니 말말을까 하노라〉하는 것도 있다. 이는 말이 없어도 우리의 일상 중에서 본다면 언어가 차지하는 비중이 어마어마하게 크다는 것이다.

우리는 24시간 중에 잠자는 시간만 제외하고는 대개 말을 하면서 산다. 결국 살아간다는 그 자체가 말을 한다는 것이다. 부처님도 이 점을 감안하셔서 입으로 짓는 악업(惡業)을 그렇게 많이 경계하신 것이요, 이를 그때그때 참회하라고 당부하신 것이 아닌가 한다.

그러나 세상 사람들은 남에게 좋은 말, 친절한 말, 덕(德)이 되는 말을 하기보다는 오히려 남을 비방하거나 모함하거나, 심지어 알게 모르게 저주하기도 하고, 때로는 협박 공갈하는 말까지 예사로 하고 있다.

따라서 대인관계에서는 말할 나위도 없고 크게는 정치·경제·사회·문화·체육 등의 모든 분야에까지 언어공해, 언어의 횡포가 빈발하고 있다.

이러한 터무니없고 황당무계한 말을 대할 때마다 우리는 늘 불안하고 우울해질 수밖에 없지 않은가. 모든 사람이 말의 올가미에서 그리고 말의 허구성에서 벗어났으면 하는 마음이다.

보다 중요한 것은 말보다 실천이요 행동이 아니겠는가. 정당한 비판이나 건의가 아닌, 쓸데없는 비방이나 악담이 어떤 일을 성취하는데 무슨 덕이 될 수 있는가.

우리 민족의
영원한 번영(繁榮)을 위하여!

● ● ●

우리나라는 분명 5천년의 유구한 역사와 전통을 자랑하는 나라요 민족이다. 그러나 오늘의 현실을 보면 우리민족은 어쩌면 역사 속에서 영원히 무궁(無窮)하지 못할 것이라는 아주 참담하고 비관적인 예감이 들어 안타까운 심경(心境)이다.

어느 해인가, J일보에 난 기사내용이 머리를 스쳐가는 순간이다. 〈지금 같이 저 출산이 지속될 경우 대한민국은 2750년에 소멸될 것〉이라는 제하의 기사였다. 국회입법조사처(國會立法調査處)는 〈우리나라 인구가 작년 합계 출산율 1.19명으로 지속될 경우 122년 뒤인 2136년에는 인구가 1000만 명으로 줄어들고, 2750년이면 대한민국 인구자체가 소멸될 것〉이라고 했다.

또 신문기사에 영국 옥스퍼드대 데이비드 콜먼 교수는 이미 10년 전에도

한국은 저 출산이 심각해 인구가 소멸되는 지구상의 첫 번째 국가가 될 것이라는 예측도 밝힌바 있었다.

인구 감소의 주범인 저 출산 문제도 간과할 수 없는 심각한 사실이지만 그에 앞서 깊이 생각할 것이 바로 우리나라 젊은이들의 결혼 기피증이다. 우리나라 젊은이들의 결혼비율은 결혼 적령기〈남자 30대 초반, 여자 20대 후반〉에 결혼하는 경우가 30%도 안 될 정도다. 그러니까 적령기가 지나면 더 결혼을 하지 않는 추세이니 젊은이들이 반 이상 넘게 결혼을 하지 않는다는 셈이다.

최근 우리나라는 교육열이 높아 이제는 남녀를 불문하고 고학력자가 급증하고 있지만 고학력에 반비례하여 결혼비율은 갈수록 뚝 떨어지고 있으며 배운 사람들은 대체로 결혼에는 관심이 없다는 게 지배적이다.

특히 근자에 이르러 많이 배우고 경제적으로 다소 여유가 있다고 생각하는 젊은 남녀들은 결혼에 대해 대체로 회의적이다. 배우자 될 사람의 경제적 여건, 학력, 성격, 이성 관계, 건강, 미모, 가정 등 여러 가지를 철저하게 살펴보다보니 자신의 이상형이 쉽게 나타날 리가 없다. 그래서 아예 결혼을 포기하고 혼자 살려고 하는 이상한 신풍조가 만연되고 있어 독신남성과 여성이 급증하는 사회가 됐다. 이처럼 저 출산은 고사하고 아예 결혼자체를 포기하는 풍조이니 우리나라의 인구가 늘어 날 리가 있겠는가!

또 하나, 인구감소의 요인은 이혼문제다. 요즘 젊은이들은 일단 결혼을 했다 하더라도 기혼자의 3분의 1이 이혼을 한다고 한다. 하긴 요즘은 보건의료혜택으로 건강이 좋아져 거의 100세를 사는 장수시대인데 한 쌍의 부부가 70년 가깝게 해로한다는 것이 그리 쉬운 일은 아니다. 그렇다고 대체로 돈, 성격, 환경 등으로 쉽게 이혼을 단행(?)하는 풍조는 저 출산 못지않게 인구 증가에 도움이 안 되는 심각한 사회 문제다.

게다가 우리나라도 고령화 사회로 치닫다 보니 나이 든 노인들의 소위 〈황혼이혼〉과 노인들의 자살 등 문제도 심각하다. 우리나라 국민의 자살은 하루 평균 40여명, 1년에 약 1,500여명이 자살한다고 하며 이는 OECD국가 중 1위라고 하며 이들 나라의 평균 자살률의 약 2.4배라고 한다.

이렇게 젊은이들은 결혼을 않거나 하더라도 저 출산에다, 또 이혼을 예사로 하고, 노인들은 황혼이혼에 자살까지 급증하고 있으니, 이래저래 우리나라는 지금 인구의 감소가 심각한 사회문제로 대두되고 있다고 해도 과언이 아니다.

지금부터 약 70~80년 전, 그러니까 해방 전후나 6.25동란 전후에 살던 우리 부모님들은 비록 가난하고 배운 건 없지만 자식들은 대체로 5~6남매 이상씩 두고 살았다. 그땐 젊은이가 결혼을 않으니 결혼해도 저 출산이니 이혼이니 하는 그런 문제는 거의 없었고 남녀노소 모두가 악착같이 일하고 끈질기게 살았다.

그러니까 일제의 오랜 질곡(桎梏)에서도 벗어났고 6.25의 참담한 전쟁 끝에서도 한강의 기적을 이룩한 것이 우리 민족의 자긍심이요 생존력(生存力)이다. 아마 그때가 오히려 무궁화 꽃의 정신으로 우리국민의 인내심과 지구력을 제대로 발휘한 강인한 시대라고 볼 수 있다. 젊은이들에게 간곡히 당부하고자 한다. 그대들이 아무리 학력이나 지적으로 우수하고 경제적으로 여유가 있다손치더라도 그렇다고 전통적이고 보편적인 삶의 가치를 외면하거나 부정하고 살아서는 아니 된다는 점이다.

남녀를 불문하고 혼자 살다 노총각, 노처녀로 늙어 혼자 저 세상으로 가는 것이 무슨 대단한 자존심이며 큰 자랑이 되겠는가.

여성의 위대함은 여러 가지가 있겠지만 모성애처럼 참되고 장한 인간적인 업적은 없다고 본다. 여성이 아이를 낳는다는 것은 그만큼 자신의 어떤 과보(果報)나 업장(業障)을 소멸하고 새로운 복을 짓는 일이다. 과보(果報)나 업장(業障)을 많이 소멸하고 평생을 자손들과 함께 울고 웃고 살아온 인자한 어머니처럼 고마운 존재가 어디 있겠는가. 이제 〈둘이 만나 둘만 낳기〉 운동이라도 전개해야 할 것이다.

미혼, 저출산, 이혼, 그리고 자살에 이르기까지 이 모두가, 우리국민 모두가 큰 우를 범하는 것이요 죄업(罪業)이라는 생각을 깊이 새기면서 우리민족의 영원한 번영을 위하여 국민 모두가 새로운 분발과 자성을 기대하는 마음이다.

자리유감(遺憾)

◆◆◆

 촛불혁명으로 출범한 문재인 정부 3년차를 맞아 새로 임명한 장관들의 국회 청문실황 중계를 보면서 장관후보자들에 한결같은 쓰레기 같은 허물을 지켜보면서 과연 촛불정신이 저런 것이었나 의아해하지 않을 수 없다.

 거창하게 우주의 원리를 원용할 생각은 없지만 사물의 이치(理致)를 알려고 운운할 때 격물치지(格物致知)란 말을 쓴다. 이것도 결국 자리의 의미를 옳게 알고 사물을 제자리에 옳게 활용하라는 뜻이 내재(內在)돼 있는 것으로 안다. 물이 높은 곳에서 낮은 곳으로 흐르는 것도 사물의 이치이지만, 헐벗고 굶주린 백성을 한없이 억제하고 삶에 시달리면 한꺼번에 민란을 일으키는 것도 사물의 이치다. 따라서 물의 자리(水位)도 알아야 하고 백성의 자리(位相)도 옳게 알아야 치수(治水)와 치세(治世)가 가능한 법이다.

 따라서 순리라든가 안정이라는 말을 쓰게 될 경우, 그 실상은 다름 아닌 모든 자리가 제대로 잡힌 상태를 지적하는 의미로 볼 수 있으니, 한 가정이나 한 직장, 더 나아가 한 나라에서 모든 자리를 앉을 만한 사람이 앉도록 해야만 될 것이다.

 가까운 예로 어느 가정에 들어섰을 때 그 집의 가구나 집기들이 제대로 놓일 자리에 잘 정돈되어 있을 경우, 우리는 조화와 안정의 분위기를 느낄 수 있지만, 그렇지 않고 무질서하게 뒤죽박죽 배치한 가정에서 알게 모르게 불안과 불편까지도 느끼게 마련이다.

하물며 한 직장, 한 나라의 요직이나 자리를 정함에 있어 적재적소나 인선의 타당성을 무시하고 무분별하게 기용하는 경우, 그 부작용과 역기능은 언젠가 그 직장인과 그 국민에게 피해로 돌아갈 것은 자명한 노릇이다.

심한 경우 위인설관(爲人設官)의 흠도 나오기 마련인데 최근 문재인 정부 출범 이후 추천된 장관 후보자의 국회청문회 실상을 보면서 과거 후보자들의 펼쳐 온 정치활동과 비교해 선량한 국민의 한사람으로서 분노를 금 할 길이 없다.

무릇 옛사람이 위정자 된 이는 써야할 사람을 찾지 않는 것도 잘못이요, 써야할 사람을 너무 일직 버리는 것도 잘못이라고 했다. 이 자리처럼 정하기 어려운 것이 어디 또 있겠는가.

항상 지·필·묵·연(紙·筆·墨·硯)을 가까이 놓고 8순(八旬) 나이에 이른 서예가의 한 사람으로서 위정자 된 이에게 당부하고자 한다. 제발 물의 자리(水位)도 알고 헐벗고 굶주린 백성의 자리(位相)도 옳게 알아 치수(治水)와 치세(治世)가 가능한 밝은정치를 펼쳐주기 바라는 간절한 마음이다.

정치에 만연된 망국풍조

◆ ◆ ◆

 2020년은 제21대 국회의원을 뽑는 해다. 제20대 국회는 개원 이후 지난 4년 간 양극화로 치닫고 정국은 경색된 데다 산적한 민생법안 하나도 처리하지 못하고 허송세월만 보내고 임기를 눈앞에 두고 있다. 국민의 한사람으로 마음이 조이고 가슴 아프다. 사분오열의 정치판이 민심에 쫓기어 우지직소리가 나고 나라의 앞날이 어두운 데도 정략이나 당리에 눈이 어두워 이런 소리 소리가 들리지 않는 것 같다.

 이런저런 망국병을 야기시키는 정국에 있어 정치가 어떤 양상으로 작동해야 하는가 정치하는 사람이나 우리 모두가 통감해보는 것도 무

위하지 않을 것이다.

내년 제21대국회의원 선거 정국에 있어 정치가 어떤 양상으로 작동해야 하는가! 정치하는 사람이나 우리 모두가 깊이 생각해보는 것도 무위하지 않을 것이다. 우리는 우리 전통 정치사회에서 정치를 다음 세 개의 유형으로 나누어 살펴볼 일이다.

정암 조광조 형(形)과 퇴계 이황 형(形), 그리고 방촌 황희 형(形)이 그것이다.

정암(靜庵)은 옳다고 생각하는 일에는 굽히지 않고 관철해 내는 직선적인 정치스타일인데 비해 퇴계의 정치스타일은 자신의 정론을 절대시하질 않았다. 그는 열한 번 조정에 나아갔다가 열한 번 은퇴를 한 분이다. 그리고 반대의견이나 이론을 아낌없이 수렴하여 조화시키는 것이 방촌 형(形) 정치스타일이다.

이 세 정치유형은 각기 시대와 상황에 따라 꼭 들어맞을 수도 있고 또 어긋날 수도 있다.

다만 극한으로 치닫고 있는 현 정국에서 어떤 유형을 본받거나 하는가는 사명하다. 곧잘 경직화되게 마련인 낭내 외 민주주의의 연육제로는 퇴계 형(形) 정치를 통감하는 것도 좋을 성싶다. 〈내가 주장하는 정론정략이어야만 한다.〉는 생각에서 〈내가 주장하는 정론정략대로 한다면 당리당략에 해가 될 수 있다〉는 겸허한 생각으로 임하면 찢어질 듯 긴장된 정국도 느슨해지기 시작할 것이다.

거기에 방촌 형(形) 정치를 통감하면 정국의 차열형(撦裂刑)은 유예될 것이다. 나라와 백성을 위한다는 대전제라면 반대당의 일리에 인색할 수가 없는 것이다.

서로가 정치적 교류뿐만이 아닌 인간적 교류까지 끊고 구태의연한 작태로 정국을 풀지 못하고 다극 또는 양극화한다는 것은 20대 국회처럼 정당간의 평면적 단절만이 아니다. 이는 멀어진 만큼 비례해서 국민들로부터도 멀어져가는 입체적 단절임을 알아야 한다.

한(韓)나라의 유명한 사상가이자 법학가인 한비자(韓非子)는 나라가 망하는 10가지 징조를 남겼다.

그는 기원전(약 280~233년)전국시대 한왕(韓王)의 서자로 출생해 신분이 낮은 어머니 때문에 비록 왕족이었지만 왕실에서 대우받지 못하는 불운한 처지에 놓여 일찍부터 학문연구에 눈을 돌려 순자에게서 학문을 배우고 유가, 도가, 명가, 법가, 묵가 등 여러 학파의 학문을 두루 흡수, 비판하면서 부국강병의 설을 체계화시키고 나라가 망하는 유명한 10가지 징조를 남겨 현실정치에 비유(比喩)해 보면서 귀감으로 남는다.

1. 법(法)을 소홀이 하고 음모와 계략에만 힘쓰며 국내정치는 어지럽게 두면서 나라 밖 외세(外勢)만을 의지한다면 그 나라는 망할 것이다.
2. 선비들이 논쟁만 즐기며 상인들은 나라 밖에 재물을 쌓아두고 대신들은 개인적인 이권만을 취택하면 그 나라는 망할 것이다.
3. 군주가 누각이나 연못을 좋아하여 대형 토목공사를 일으켜 국고를 탕진(蕩盡)하면 그 나라는 망할 것이다.

4. 간연(間然)하는 자의 벼슬이 높고 낮은 것에 근거하여 의견(意見)을 듣고 여러 사람 말을 견주어 판단하지 않으며 듣기 좋은 말만하는 사람 의견만을 받아들여 참고(參考)를 삼으면 그 나라는 망할 것이다.
5. 군주가 고집이 센 성격으로 간언은 듣지 않고 승부에 집착하여 제 멋대로 자신이 좋아하는 일만하면 그 나라는 망할 것이다.
6. 다른 나라와의 동맹(同盟)만 믿고 이웃 적을 가볍게 생각하여 행동하면 그 나라는 망할 것이다.
7. 나라 안의 인재(人才)는 쓰지 않고 나라 밖에서 온 사람을 등용(登用)하여 오랫동안 낮은 벼슬을 참고 봉사한 사람 위에 세우면 그 나라는 망할 것이다.
8. 군주가 대범하여 뉘우침이 없고 나라가 혼란해도 자신은 재능(才能)이 많다고 여기며 나라 안 상황에는 어두우면서 이웃 적국을 경계하지 않아 반역세력(反逆勢力)이 강성하여 밖으로 적국(敵國)의 힘을 빌려 백성들은 착취하는데도 처벌하지 못하면 그 나라는 망할 것이다.
9. 세력가의 천거(薦居) 받은 사람은 등용되고, 나라에 공을 세운 지사(志士)는 내 쫓아 국가에 대한 공헌(公憲)은 무시되어 아는 사람만 등용되면 그 나라는 반드시 망할 것이다.
10. 나라의 창고는 텅 비어 빚 더미에 있는데 권세자의 창고는 가득차고 백성들은 가난한데 상공업에 종사하는 사람들은 서로 이득을 얻어 반역(反逆) 도가 득세하여 권력을 잡으면 그 나라는 반드시 망할 것이다.

이같이 내년에 있을 제21대 국회의원 선거를 전후해서 어떻게든지 일어날 것 같은 한치 앞도 내다볼 수 없는 정국의 재편을 예고하는 지금 정치인과 국민 모두에게 한비자(韓非子)의 나라가 망하는 징조를 현실정치에 비유(比喩)해 보면서 그 저 안타깝기만 한 심정이다.

천년 앞을 내다보자!

◆ ◆ ◆

3년 전 촛불혁명으로 문재인정부가 출범했다. '인무백세인왕작천년계(人無百歲人枉作千年計)' 명심보감에 나오는 글귀가 새삼 생각나는 때다. 〈사람들은 일백 살을 사는 사람조차 없건만 헛되어 천년계획을 세운다.〉는 말이다. 원래 이 말은 사람들이 눈앞의 이익에 집착하여 쓸데없이 경계하자는 뜻이다.

이는 문재인 정부출범 이후 적폐청산, 남·북 비핵화 문제, 소득주도 성장정책에 따른 최저임금 문제, 등 나라 안 밖에서 일어나는 일련의 많은 사건들을 보면서 시사(示唆)하는바 커 우리의 마음속에 깊이 새겨 두어야 할 명구가 아닌가 싶다.

그런 뜻에서 이 명심보감의 경구는 응당 그대로 받아들여 조심할 일이다.

하지만 국가적인 관점에서 생각한다면 우리는 한 사람 한 사람이 모두 백년 앞의 한국과 천년 뒤의 세계를 미리 생각하며 살아가지 않으면 안 될 것이라는 생각이다. 국민들은 늘 새 정부가 출범할 때마다 누구나 지난 정부보다는 무엇인가를 기대하기 마련이다. 우리들 개개인의 바람은 접어 두고라도 온 국민이 함께 바랄 일로는 무엇을 먼저 꼽을 수가 있을까. 천년 뒤의 우리 후손들에게 훌륭한 조상이 되기 위해서!

그렇다면 먼저 한결같이 국가경제의 회복과 정치안정, 그리고 북핵문제와 평화적인 남, 북 문제, 적폐청산문제, 경제 불황 문제, 소득주도성장 정책 문제, 최저임금 문제, 노사문제, 실업대책 등을 들 수가 있을 것 같다. 또 많은 국민들은 문재인 정부 출범 이후 특히 경제 불황에서 우리가 어떻게 벗어나느냐가 관건이 될 것이라고 예측하면서 국민 전체가 거듭 강조해 오기도 했다.

이런 모든 일들이 우리 한 사람 한 사람은 백년을 살지 못하지만, 바로 오늘 우리가 우(愚)를 범했다가는 천년 뒤의 우리 후손들에게 해를 끼칠 수 있는 일이기 때문이다.

그런 면에서 보면 오늘의 국내정치는 문재인정부와 거대 여당이 출범한 이래 오늘에 이르기까지 온 나라가 성한 곳이라곤 하나도 없이 사회불안만 가중되고 벼랑 끝에서 허우적대고 있는데도 정부와 여. 야 할 것 없이 한마디로 국민들로부터 지탄과 외면을 당한 채 제정신을 차리지 못하고 있다. 당리당략에 산적한 민생 문제와 관련된 각종 법안은 외면한 채 당리당약에만 혈안이 되어 아직도 파열음인 것을 보면 과연 이 나라의 장래가 어떻게 되어 갈 것인지 걱정이 말이 아니다. 무슨 일이 일어날 것 같은, 한 치 앞도 내다볼 수 없는 정국이다.

한마디로 정치권은 지금 민심의 소재조차 파악치 못한 채 새로운 변화에 대한 방향감각마저 상실하고 우왕좌왕하고 있는 것이다.

그리고 우리경제는 밑바닥을 치고 앞이 불확실한 상황인데다 노사문제, 실업대책문제, 대통령 따로, 정부 따로, 최저임금 정책 등 허다한 문제를 안고 있다. 정치가 경제 활성화 문제를 제때 풀지 못한다면 경제개발에 무한한 잠재력이 있던 나라로 세계의 주시를 받아왔던 우리가 하루아침에 그 신뢰를 잃고 말 것이다.

또 우선하여 북핵문제다. 통일이 우리의 최대 과제인 것은 사실이지만, 이 북핵문제의 평화적인 해결이 선행되지 못한다면 통일은커녕 지금 당장 통일이 된다고 해도, 남과 북이 평화와 행복을 골고루 누릴 수가 없는 것은 불을 보듯 뻔한 일이다.

그 동안의 북핵문제로 인해 제한적인 남북문제를 서둘러 추진하려는 문재인정부의 외교정책에 국민들 대다수는 우려를 금치 못하고 있다.

지금처럼 우리가 직접 북측에게 준비를 강요하듯 서둘러 나설 것이 아니라 북·미 정상회담의 결과를 보면서 차근차근 그 동안 무작정 퍼주기 식의 경제적인 지원을 이제부터라도 상호주의에 바탕을 두고 지원할 수 있는 일을 골라하면서 북측의 변화를 기다리는 것이 백번 옳은 일이다.

그리고 온통 사회를 시끄럽게 하고 있는 적폐청산과 최저임금 인상 문제로 인해 속출되는 자영업자들의 폐업으로 파생되는 경제 불안과 빈부의 격차가 심화되는 상황 등의 원인도 살펴보면 사회가치질서 황폐에서 생겨난 것들이다.

  이처럼 날로 경제가 파탄되고 있는 풍토를 개선하지 못하는 오늘 우리의 정치는 과연 누가 만들어 놓았던가. 비록 우리 일생은 백년을 살지 못하지만 응당 우리는 백년 뒤 그리고 천년 뒤의 우리 역사를 생각하고 살아갈 일이다. 정치인은 당장 정치적 성과만을 위해 급급해서는 절대 안 될 일이다. 역사의 준엄한 심판이 우리 모두를 기다리고 있음을 한번쯤 생각하며 하루하루를 살아가자. 그리고 열심히 다시 뛰어 보자. 우리는 무엇을 위해 지금 다시 뛰어야 하는가를 깊이 생각해 보면서!

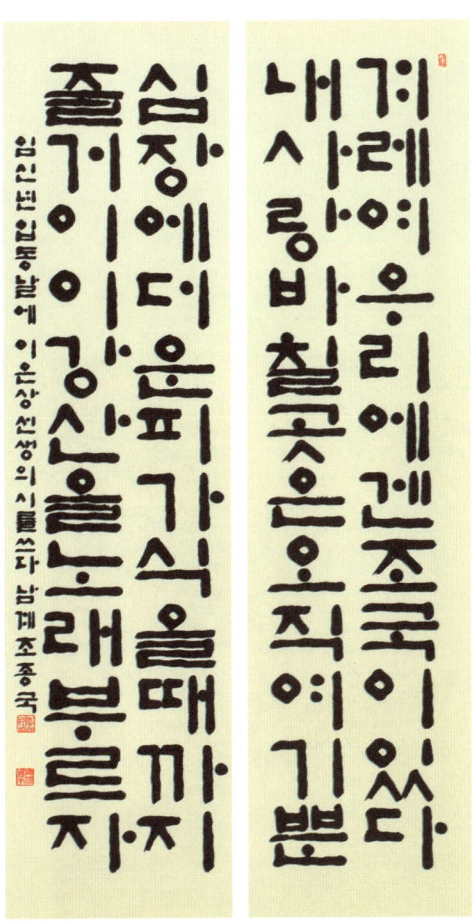

호두알 정치!

◆ ◆ ◆

굳이 촛불혁명으로 탄생한 문재인 정부의 적폐청산 등 각종 개혁 등 일대변혁의 조치들을 거론할 필요는 없지만, 연일 발생하는 민주노총 등 노사분규와 각종 사건사고, 그리고 광화문 등에서 벌어지고 있는 촛불집회와 태극기집회 강행 등 사회혼란이 그칠 날이 없는 것을 보면 이 나라의 앞날을 걱정하는 한 국민으로서 안타까운 심정을 금할 수 없다.

이 어려운 난국에 정치권이 국민대통합의 대승적인 차원에서 난제

(難題)에 대한 정국의 해결책을 내놓지 못하고 있음은 매우 안타깝고 암담하기만 하다. 누군가가 정치의 묘미는 마치 호두알 두 개를 손아귀에 넣고 천천히 굴리는 일과 같다고 했다. 두 개의 호두알이 서로 부딪혀 소리가 나고 오랜 세월동안 그렇게 굴리다 보면 반들반들 윤기가 나는 두 개의 호두알처럼 서로 아프면서도 그래서 서로 빛

나는 조화의 묘(妙)를 이루는 그것과 같아야 된다는 것이다.

공자(孔子)는 치국대약팽선(治大國若烹鮮)이라 하였다. 큰 나라를 다스리는 것은 작은 생선을 큰 나마 솥에 넣고 삶는 것과 같이하라고 한 글과 같이 훌륭한 치세(治世)의 비결도 있다. 큰 가마솥에 작은 고기를 낳고 삶는 데는 불이 너무 과해도 안 되고 그렇다고 아주 작아도 안 된다. 그야말로 묘한 지혜와 조화, 그리고 기술로 삶아야 하는 것이니 이것이 곧 정치에 있어 중용(中庸)의 비결을 지적한 비유라고 하겠다.

나는 예술인으로서 솔직히 정치나 경제를 잘 모른다. 다만 정치도 예술창작에 필요한 조화와 다양성이 요구되는 것이 아닌가싶어 고언을 하고자 하는 것 뿐 이다. 예술다운 예술의 영역에 있어서는 그것이 어느 장르의 예술이든지 조화와 다양성이 크게 요구되기 때문이다. 마찬가지로 정치도 그런 조화와 다양성을 통해 참다운 민주주의 멋을 추구해야 할 것이 아닌가 하는 바람이다. 한국은 세계 어느 나라보다도 높은 교육수준과 많은 고급인력의 배출로 국민 전반의 정치의식이나 비판능력이 과거 자유당 때나 공화당과 민주당 때에 비교가 안될 만큼 크게 격상된 것이 사실이다.

이러한 국민을 놓고 과거의 정치형태만을 답습하려고만 한다면 뭔가 큰 착각이 아니겠는가. 촛불혁명으로 탄생한 문재인 정부와 여당, 그리고 각 정당의 정치인들은 이제라도 예술인 이상의 조화와 다양성으로 이 난국을 타개하고 예의와 겸양으로 나라를 다스리면, 백성들은 그 마음의 예를 다하게 된다고 한 공자(孔子)말씀을 다시 한 번 마음속 깊이 새겨주기를 바라는 마음 간절하다.

(2019. 03. 08 / 목요저널)

남계 조종국 출판기념 축시(祝詩)

광야를 달려라!

혜원 노 금 선

광야를 달리는 힘찬 바람이었다가
아지랑이처럼 촉촉이 적셔주는
봄비였다가
석양에 지는 주홍빛 노을이 되어
우리 곁에 왔습니다.

풍류와 서예로 다듬은 올곧은 성품
술잔 가득 흘러내려
속 깊은 정 나누어 주는
선비요 예술가요 정치가이며
언론가이신 남계

아픔과 고통 안으로 삭혀
묵향 그윽한 서실 빛으로 채우시고
동심의 눈빛
웃음으로 날리며
모든 것을 품고 아우르는
넓고 따뜻한 가슴

맑고 투명한 영혼의 울림
먹빛으로 승화시켜
당신 향한 모든 이의 마음속에
사랑으로 남아
천년의 세월을 누리시옵소서!

이든 시인선 026
그래도 사랑
노금선 시집에서

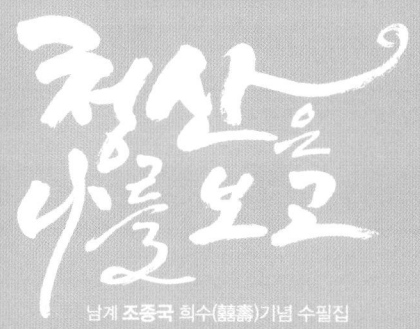

남계 조종국 희수(囍壽)기념 수필집

제4부

•••

희수(囍壽) 축하 작품

| 中國南京 - 朱道平 先生(金陵藝術院長) 祝賀作品

| 中國當代最高元老畫家南京 - 朱道平 先生(金陵藝術院長)

| 中國南京 – 徐洪釗柯利達書畫院長 祝賀作品

| 中國當代最高元老畫家南京 – 徐洪釗柯利達書畫院長

| 中國南京 - 張 偉 先生 祝賀作品

南京元老書畫家 張 偉 先生 祝賀作品

취수강촌 매설표군(携手江邨 梅雪飄裙)

정하한 처처소혼(情何限 處處銷魂)

고인불견 구곡중문(故人不見 舊曲重聞)

향망호루 고산사 용금문(向望湖樓 孤山寺 涌金門)

심상행처 제시천수 수라삼(尋常行處 題詩千首 繡羅衫)

여불홍진 별래상억(與拂紅塵 別來相憶)

지시하인 유호중월(知是何人 有湖中月)

강변유 롱두운(江邊柳 隴頭雲)

동파사일수서봉(東坡詞一首書奉)

조종국선생난기법교(趙鍾國先生兰氣法教)

張 偉 石城

| 中國當代最高元老書畫家南京 - 張 偉 先生

| 中國南京 – 許懷華 先生 祝賀作品

| 中國南京 – 許懷華 先生

263
제4부_ 희수(囍壽) 축하 작품

| 中國南京 － 張玉寶 先生 祝賀作品

| 中國南京 － 張玉寶 先生

南京美術館長 方澄淸 先生 祝賀作品

祝賀 趙 鍾 國 會長七十大壽
번도하수도(幡桃賀壽圖)

조회장내이국형여금칠십
(趙會長乃异國兄如今七十)
사천명정기당성장년경
(似天命精氣當胜壯輕)

행위동진정솔진(行爲童眞情率眞)
호상애결천하우(豪爽愛結天下友)
성대붕우사가신(誠待朋友似家辛)
치어서도정기법(痴於書道精其法)
실위안두풍류인(實爲案頭風流人)
오제화필탁선고(吾提畵筆托仙姑)
적득번도하수신(摘得幡桃賀壽辰)
축형쾌락영주춘(祝兄快樂永駐春)
하니수장성고송(賀您壽長胜古松)

| 中國南京 – 方澄淸 先生(南京美術館長) 祝賀作品

| 中國南京 – 方澄淸 先生(南京美術館長)

| 中國南京 - 李 强 先生 祝賀作品

| 中國南京 - 徐 明 先生 祝賀作品　　| 中國南京 - 施邦鶴 先生 祝賀作品

中國南京 - 張 堅 先生 祝賀作品

中國南京 - 張 堅 先生

제4부_ 희수(囍壽) 축하 작품

| 中國南京 - 胡金山 先生 祝賀作品

| 中國南京 - 紀小虎 先生 祝賀作品

| 中國南京 - 曺 均 先生 祝賀作品 曺 均

| 中國南京 - 傅邦華 先生 祝賀作品 傅邦華

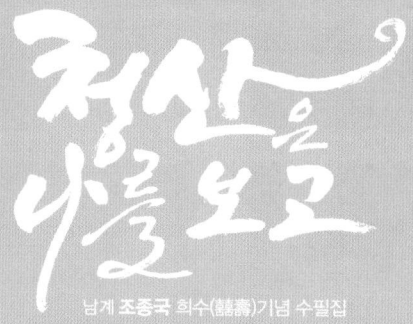

남계 조종국 희수(喜壽)기념 수필집

제5부

❖❖❖

중국 인민정부
지도자 접견

| 2000 - 王武龍 - 중국 남경시 인민대표자 대회 - 主任- 의정교류 협정

| 2001 - 吉忠坤 - 중국 남경시 인민대표자 대회 - 副主任

| 2001 – 王武龍 – 중국 남경시 인민대표자 대회 – 主任

| 2001 – 王武龍 – 중국 남경시 인민대표자 대회 – 主任

| 2006 - 金 實 - 중국 남경시 인민대표자 대회 - 副主任

| 2010 - 王武龍 - 중국 남경시 인민대표자 대회 - 주임

| 2011 – 黃 煌 – 남경시 인민대표자 대회 – 副主任

| 2012 – 梁 虹 – 중국 합비시 인민대표자 대회 – 주임

| 2012 - 梁　虹 - 중국 합비시 인민대표자 대회 - 주임

| 2012 - 王　湖 - 중국 合肥市 文學藝術界聯合會 - 副主任

| 2013 - 俞 明 - 중국 南京市 對外政治協商會議 - 主席

| 2013 - 林存安 - 중국 공산당 합비시당 - 선전부장

| 2014 - 吳春梅 - 중국합비시인민정부 - 부시장

| 2015 - 繆瑞林 - 중국 남경시 인민정부 - 시장

| 2015 – 華 靜 – 중국 남경시 인민정부 – 부시장

| 2016 – 俞 明 – 중국 남경시 대외정치협상회의 – 주석

| 2017 – 呂　兵 – 중국 우한시 인민정부 문학예술계연합회 – 서기

| 2017 – 葉金生 – 중국 우한시 대외정치협상회의 – 주석

| 2017 – 王開學 – 중국 우한시 문학예술계연합회 – 부주석

| 2018 – 潭仁杰 – 중국 우한시 대외정치협상회의 – 부주석

| 2018 - 潭仁杰 - 중국 우한시 대외정치협상회의 - 부주석

| 2018 - 胡樹華 - 중국 우한시 인민대표자대회 - 주임

| 2018 – 胡樹華 – 중국 우한시 인민대표자대회 – 주임

| 2019 – 劉燦銘 – 중국 남경시 인민정부서화원 – 원장

| 2019 – 陳洪根 –중국 남경시 문학예술계연합회 – 주임

| 2019 – 皇輔朝輝 – 중국 남경시 인민정부외사판공처 – 처장

제6부

•••

정치 지도자
접견

| 전두환 대통령 - 대전 방문

| 전두환 대통령 - 경부고속도로 개통식 오찬

| 노태우 대통령 – 한국예총회장단 – 청와대 초청 – 접견

| 노태우 대통령 – 대전 방문

▎김대중 대통령 – 평통운영위원 임명장 수여 – 청와대

▎김대중 대통령 – 청와대 접견

◇市道의회 의장 초청 김대중 대통령이 23일 청와대로 전국 시도의회 의장들을 초청해 오찬간담회를 갖고 있다. /鄭良均기자 ykjung@chosun.com

| 김대중 대통령 – 한국예총회장단 초청 – 청와대 회의

| 김영삼 대통령 – 한국예총 10개회원단체 회장단 – 청와대 초청 – 접견

| 노무현 대통령

| 박근혜 대통령

| 김종필 총재 – 개인작품전

김종필 국무총리 – 대전·충남예술인과의 간담회

김종필 국무총리 – 대전·충남예술인 간담회

| 강영훈 국무총리 - 예총회장단 총리공관 - 초청 접견

| 이완구 국무총리

| 이완구 국무총리 – 부여 조카집에서

| 유흥수 내무부장관 – 충청남도문화상 시상

▎정한모 문화체육관광부장관 - 한국예술문화상 대상 수상 - 축하

▎김근태 정무장관 - 대전시의회 방문 - 접견

| 김영환 과학기술부장관 – 엑스포과학공원 방문

| 행정자치부장관 일행 – 대전시의회 방문 접견

| 김종호 내무부장관 – 자민련 대전중구 지구당 – 현판식 – 참석

| 김한길 문화체육관광부장관 – 대전월드컵경기장 준공식

| 조경희 정무장관 – 충남도미술대전 개막식

| 정진석 정무장관

제6부_ 정치 지도자 접견

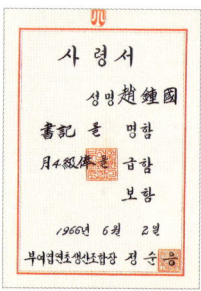
1966.06.02 부여엽연초조합

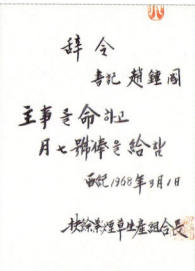
1968.03.01 부여엽연초조합

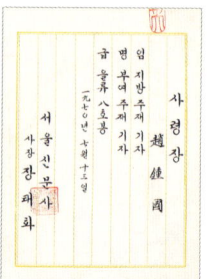
1970.07.13 서울신문사

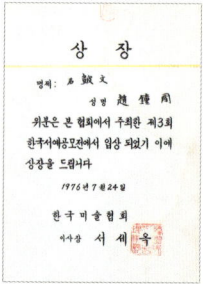
1976.07.24 한국미술협회

1980.04.20 한국서도협회

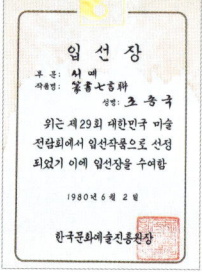
1980.06.02 문예진흥원장

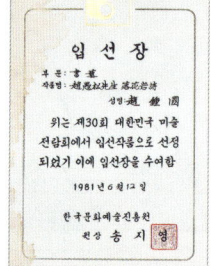
1981.06.12 문예진흥원장

1981.11.04 충청남도지사

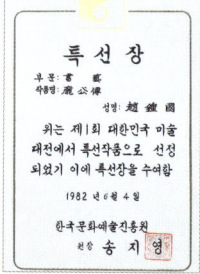
1982.06.04 문예진흥원장

1982.11.12 대전시장

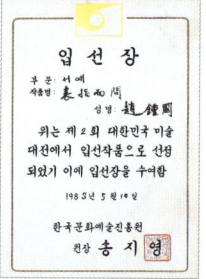
1983.05.10 문예진흥원장

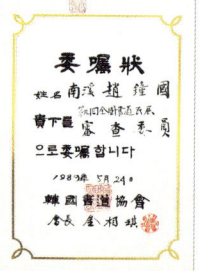
1983.05.24 한국서도협회

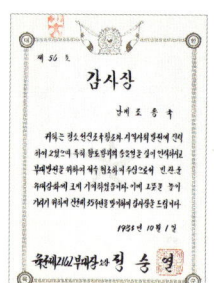
1983.10.01 육군제2162부대장

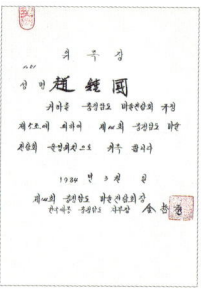
1984.03.01 충남예총

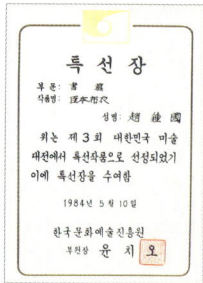
1984.05.10 문예진흥원장

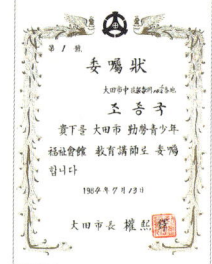
1984.07.13 대전시장

1984.08.11 충남도지사

1985.09.13 충남도지사   1985.11.08 충남도지사   1985.11 한국미술문화대상전

   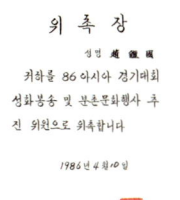
1986.02.25 동국대 교육대학원   1986.03.03 아시아미술대전   1986.03.20 충남도지사   1986.04.12 대전시장

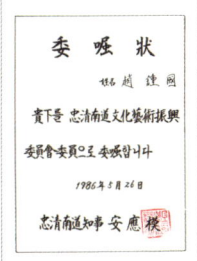 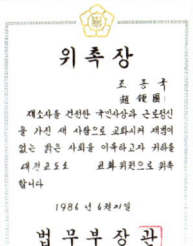 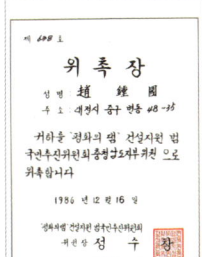 
1986.05.26 충남도지사   1986.06.21 법무부장관   1986.12.16 평화의 댐 건설   1987.02.01 대전 KBS

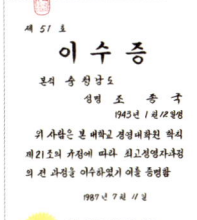 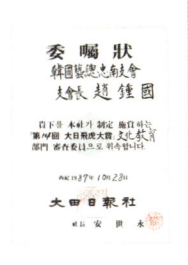  
1987.07.11 충남대   1987.10.28 대전일보   1987.11.01 한국미술문화대상전   1987.11.08 한양조씨종친회

1988.01.10 전국종합예술제

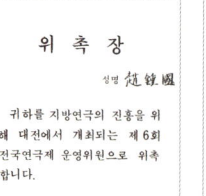

1988.04.09 충남도지사

1988.11.04 충남도지사

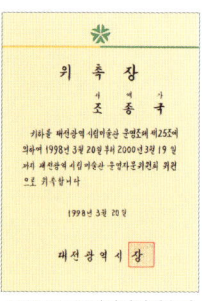
1989.03.20 대전시립미술관

1989.03.21 한국방송공사

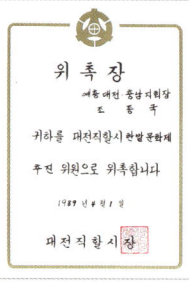
1989.04.01 대전시장

1989.04.10 대전시장

1989.04.18 위촉장 경찰청장

1989.05.24 전국서도협회

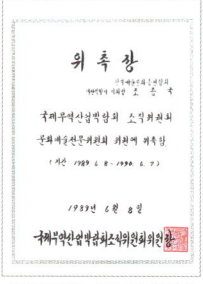
1989.06.08 국제무역박람회

1989.06.27 대전시장

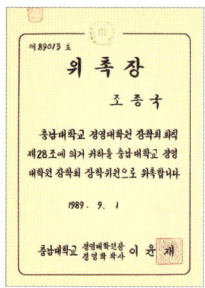
1989.09.01 충남대

1989.11.01 충남도지사

1989.12.20 대전시장

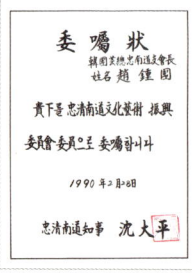
1990.02.28 충청남도지사

1990.03.15 대전충남개발위원회

300
청산은 나를 보고

1990.04.20 한국서도협회

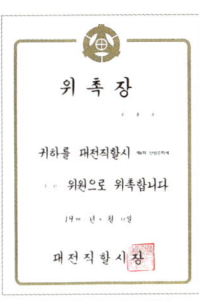
1990.06.12 대전시장

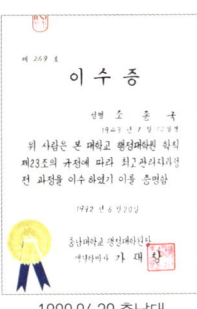
1990.06.20 충남대

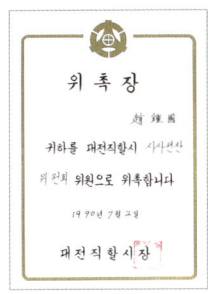
1990.07.02 대전시장

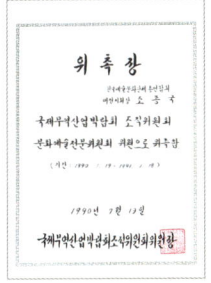
1990.07.19 국제무역박람회

1990.08.03 대전시장

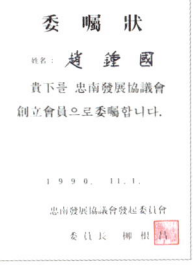
1990.11.01 충남발전위원회

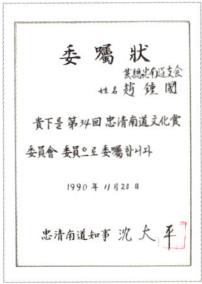
1990.11.20 충남도지사

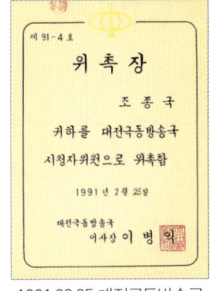
1991.02.25 대전극동방송국

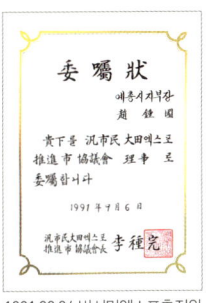
1991.09.06 범시민엑스포추진위

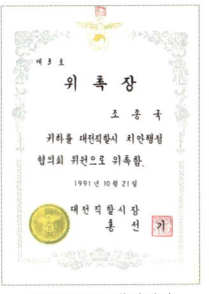
1991.10.21 대전시장

1991.10.29 대전일보

1991.11.12 대전시장

1992.05.21 영남대총장

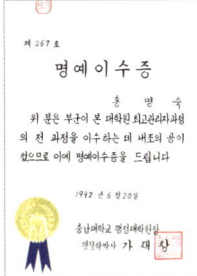
1992.06.20 충남대

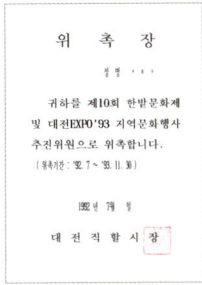
1992.07.01 대전시장

301
상장・상패・위촉패

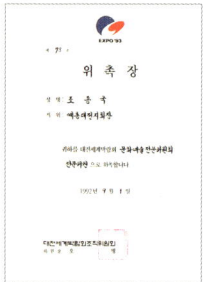

1992.09.01 대전세계박람회 1992.09.08 경상남도 미술대전 1992.09.30 부여군수 1992.10.01 민주산악회

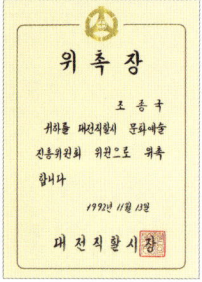 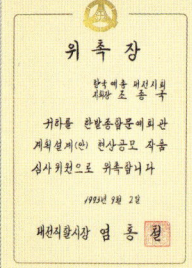

1992.11.13 대전시장 1993.09.02 대전시장 1993.10.21 대전시장 1993.11.20 대전세계박람회

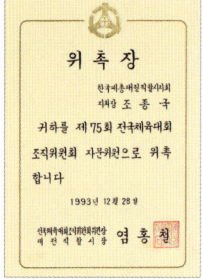 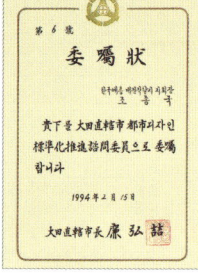 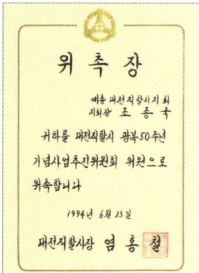 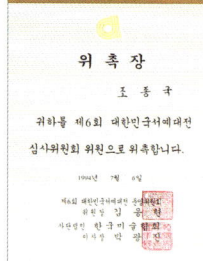

1993.12.28 대전시장 1994.02.15 대전시장 1994.06.23 대전시장 1994.07.06 한국미협

  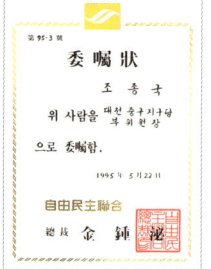

1994.10.21 내무부장관 1995.03.01 한국수필가협회 1995.05.22 김종필 총재 1995.06.03 자민련 김종필

1995.06.08 자민련 김종필

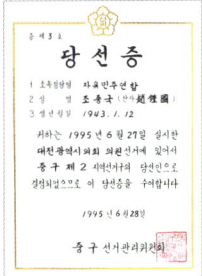
1995.06.28 선거관리위원회

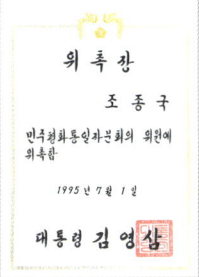
1995.07.01 대통령

1995.10.28 대전일보

1996.01.22 선양주조

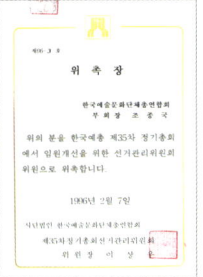
1996.02.07 한국예총

1996.03.08 자민련 김종필

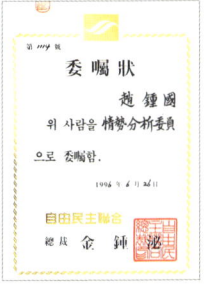
1996.06.26 자민련 김종필

1996.09.01 한국전력공사

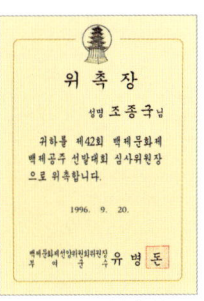
1996.09.20 부여군수

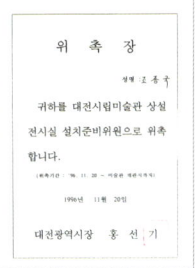
1996.11.20 시립미술관

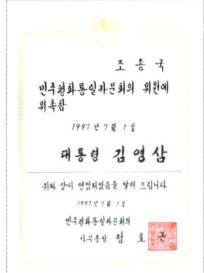
1997.07.01 대통령

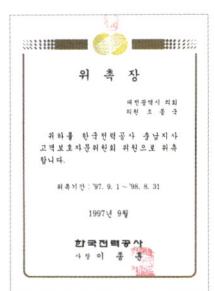
1997.09.01 한국전력공사

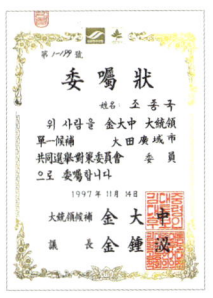
1997.11.14 대통령후보 김대중

1998.02.20 김대중 대통령

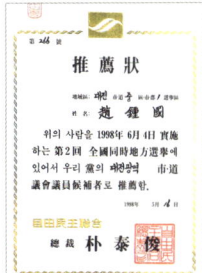
1998.05.16 자민련

303

상장·상패·위촉패

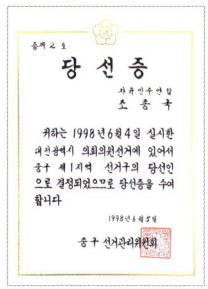
1998.06.05 선거관리위원회

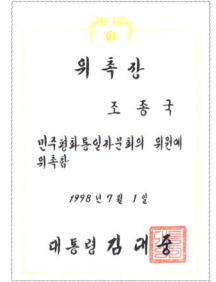
1998.07.01 대통령

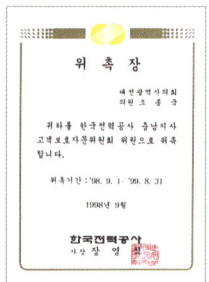
1998.09.01 한국전력공사

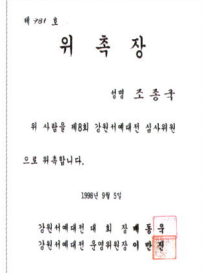
1998.09.05 강원도예

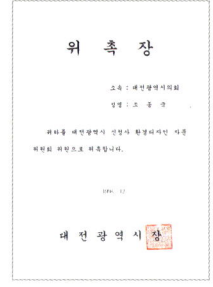
1998.12.01 대전시장

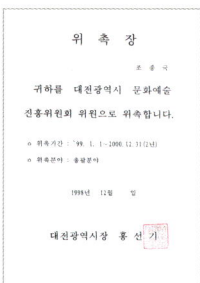
1998.12.31 대전시장

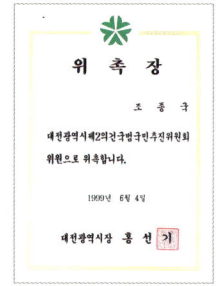
1999.06.04 대전시장

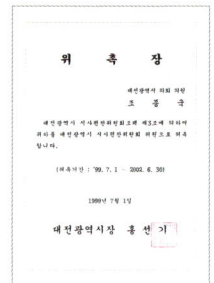
1999.07.01 대전시장

1999.09.01 한국전력

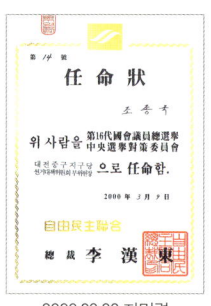
2000.03.09 자민련

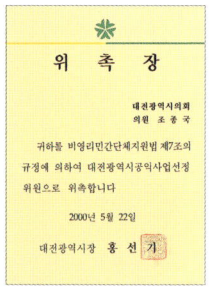
2000.05.22 대전시장

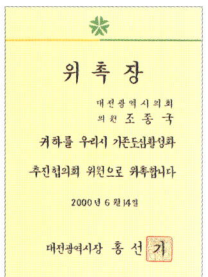
2000.06.14 대전시장

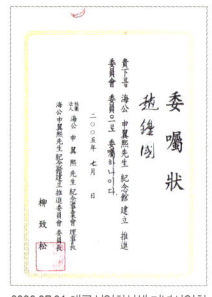
2000.07.01 해공신익희선생 기념사업회

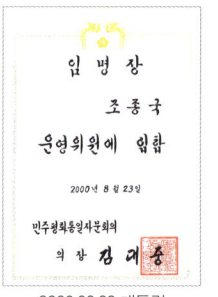
2000.08.23 대통령

2000.09.01 목요언론인

2001.05.23 한국미협이사장

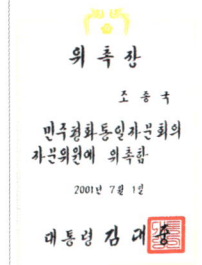
2001.07.01 대통령

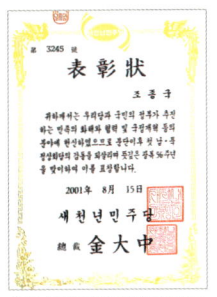
2001.08.15 새천년민주당 김대중

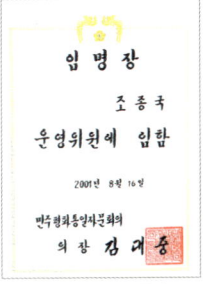
2001.08.16 대통령

2002.01.24 대전 TJB

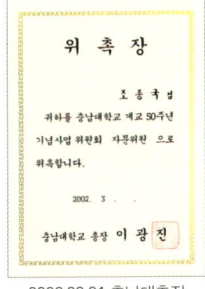
2002.03.01 충남대총장

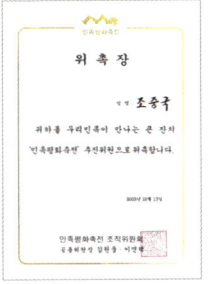
2003.10.13 민주평화축전 조직위원회

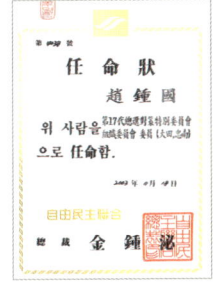
2003.11.18 자민련

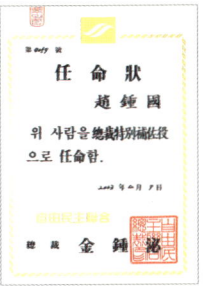
2003.12.09 자민련

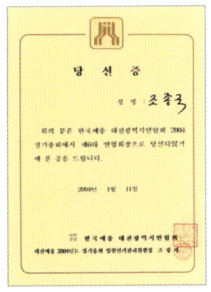
2004.01.11 대전예총회장

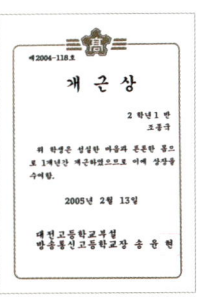
2005.02.13 대전방통고

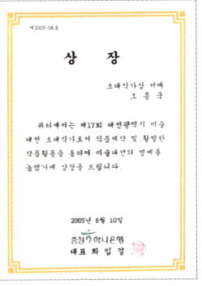
2005.06.10 하나은행

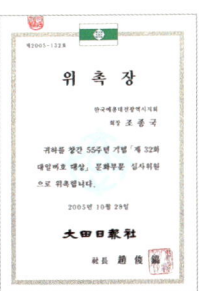
2005.10.28 대전일보

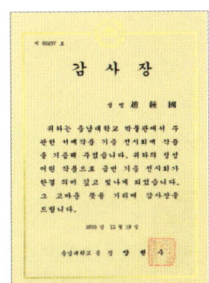
2005.12.19 충남대총장

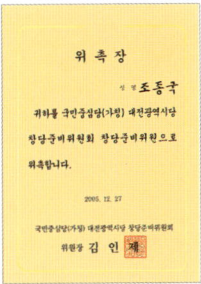
2005.12.27 국민중심당

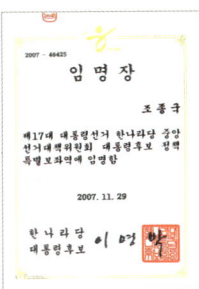
2007.11.29 이명박대통령후보특보

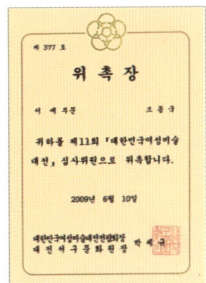
2009.06.10 대전서구문화원

2011.04.27 한국미협이사장

2013.05.31 시사저널

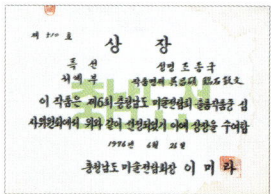
1976.06.26 충남예총

1977.06.03 문공부장관

1977.06.20 숭전대총장

1978.06.09 문공부장관

1978.07.07 충남도교육감

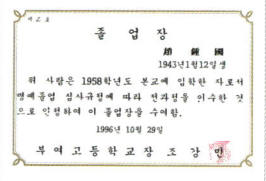
1996.10. 26 부여고등학교

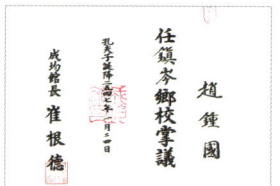
2003.01.24 성균관장

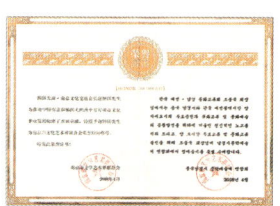
2008.04.01 중국남경시인정부

1985.02.15 충청남도지사

1985.08.31 동국대학교

1987.04.03 대전시장

1987.08.01 충청일보

1988.02.01 대통령

1988.06.28 부여중·고동창회

1988.08.11 김대중·김종필

1988.11.11 대전시장

1989.06.18 비룡라이온스클럽

1990.03.15 서울신문사

1990.06.23 한국수필가협회

1991.06.16 한국청년서예가협회

1991.11.20 문공부장관

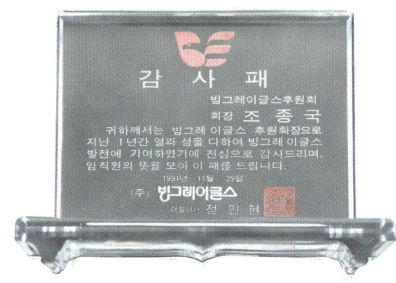
1991.11.29 한화이글스

1992.02.21 충남경찰청장

1992.04.06 예총회장

1992.06.06 대전현충원장

1994.12.29 대전시장

1995.02.18 예총회장

1995.03.03 한국웅변인협회

1995.07.28 충대총장

1995.11.06 한일은행장

1996.09.20 부여군수

1997.10.20 논산시장

1998.02.27 대전시장

1998.06.05 대전시의회

1999.02.07 대전시장

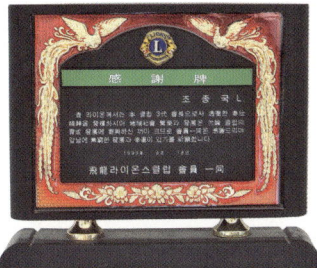
1999.06.18 비룡라이온스클럽

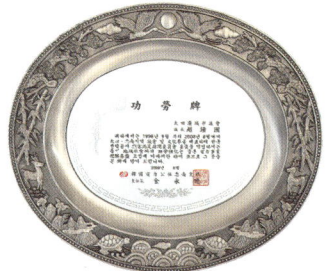
2000.08.01 한국전력

2000.10.02 부여군수

2001.06.08 배재대학교

2001.06.30 부여군수

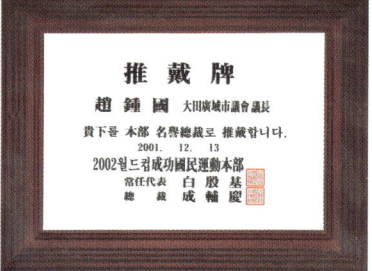
2001.12.13 월드컵성공 국민운동

2002.05.20 하나은행장

2002.06.01 시·도의회의장

2003.11.10 대전시장

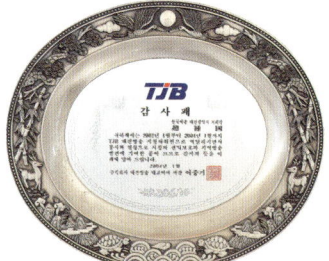
2004.01.01 TJB사장

2004.02.20 한국예총회장

2004.06.26 비룡라이온스클럽

2007.02.15 대전예총

2007.04.15 대전시장

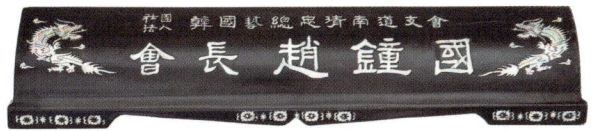
1986.02 충남예총회장

1991.02 대전예총회장

1995.06 대전시의회부의장

2000.04 대전시의회의장

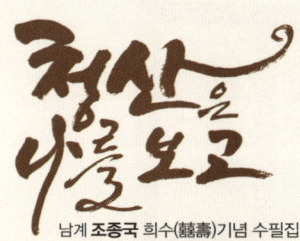

남계 조종국 희수(囍壽)기념 수필집

발 행 일	2019년 5월 20일
지 은 이	조종국
발 행 인	李憲錫
발 행 처	오늘의문학사
출판등록	제55호(1993년 6월 23일)
주　　소	대전광역시 동구 대전로867번길 52 (삼성동 한밭오피스텔 401호)
전화번호	(042)624-2980
팩시밀리	(042)628-2983
전자우편	hs2980@hanmail.net
카　　페	cafe.daum.net/gljang(문학사랑 글짱들)
	cafe.daum.net/art-i-ma(아트매거진)

ISBN 978-89-5669-044-5
값 20,000원

* 이 책은 (주)교보문고에서 eBook(전자책)으로 제작하여 판매합니다.
* 잘못 제작된 책은 바꾸어 드립니다.
* 이 책은 대전광역시와 대전문화재단에서 사업비 일부를 지원 받았습니다.

* 이 도서의 국립중앙도서관 출판예정도서목록(CIP)은 서지정보유통지원시스템
　홈페이지(http://seoji.nl.go.kr)와 국가자료종합목록시스템
　(http://www.nl.go.kr/kolisnet)에서 이용하실 수 있습니다.
　(CIP제어번호 : CIP2019017658)